HET BIJZONDERE LEVEN VAN EEN HOLLANDSE VROUW

Marcella Visch

HET BIJZONDERE LEVEN VAN EEN HOLLANDSE VROUW

Een levensgeschiedenis

Samengesteld door: Jelena Pravdina

Redactie: Ljoedmilla Polechina

© 2018, Marcella Visch

© 2022, Glagoslav Publications B.V.

www.glagoslav.com

ISBN: 978-1-914337-15-4

Dit boek is beschermd door auteursrechten. Geen deel van deze publicatie mag worden gebruikt, opgeslagen in een catalogus of doorgegeven in enige vorm of op enige wijze zonder de toestemming van de uitgever, en mag ook niet verspreid worden in een uitgave die enigerlei wijze verschilt van deze uitgave, zonder dat analoge voorwaarden geldend zijn voor de volgende koper.

Marcella Visch

HET BIJZONDERE LEVEN VAN EEN HOLLANDSE VROUW

Inhoud

RUSLAND 12
    HET GEZIN 12
    HET JONGE RUSLAND 14
    DE REIS 18
    HET BEGIN 20
    DE COMMUNE 27
    HET WERK. DE MORAAL. DE WEDERZIJDSE HULP 29
    DE HOLLANDERS. HUN IDEEËN EN INBRENG 32
    CHARKOV 37
    DE OORLOG 40
    DE EVACUATIE 43

HOLLAND 51
    DE VERHUIZING 51
    HET GEZIN 53
    DE NIEUWE TIJD 65
    ONVERGETELIJKE ONTMOETINGEN 76
    JOERI ZJOEKOV 80
    MSTISLAV ROSTROPOVITSJ 82
    NATALIA NIKOLAJEVNA ORLOVSKAJA 84
    DE ARTSEN 87
    HERINNERINGEN 89

EPILOOG 95
LITERATUUR 99
FOTO'S 101

"Zo ver weg
Zo dichtbij…"

Het levensverhaal van een Nederlandse vrouw, geboren en opgegroeid in het verre Rusland, dat zij voor altijd in haar hart gesloten heeft…

Beste lezer!

Dit boek is het verhaal van mijn leven en dat van mijn ouders. Is heel goed mogelijk dat niet iedereen zich voor kan stellen wat ik vertel, vooral voor Nederlandse lezers is dat moeilijker. Ik vertrouw mijn verhaal toe aan de auteur, een vrouw die geboren en getogen is in hetzelfde land als ik. Ook haar familieleden waren "kinderen van de oorlog", een begrip dat voor mij een bijzondere betekenis heeft. Mijn herinneringen roepen nog altijd een storm van emoties op. Alles voelt nog zo dichtbij en zo dierbaar. Boven al het andere dat ik heb meegemaakt wil ik in dit boek uitdrukking geven aan mijn positieve ervaringen.

Meer dan dertig jaar heb ik wetenschappers, toeristen en ensembles uit de Sovjet-Unie begeleid op hun wegen door Nederland. Ook met Nederlandse reizigers heb ik veel gewerkt, tijdens specialistische reizen naar fabrieken en sovchozen in de USSR en op cruises langs de Wolga en de Dnjepr. In beide landen hadden de mensen veel belangstelling voor elkaars leven van alledag. Als ik in een bus naast de chauffeur zat werd mij vaak verzocht juist daarover te vertellen.

Iedere keer als ik toeristen uit de USSR of uit Nederland uitgeleide deed voelde het alsof ik afscheid nam van goede vrienden. Vaak was ik tot tranen toe geroerd. Eén voorval is mij altijd bijgebleven. Dat was toen we met een groep op de terugweg waren naar Amsterdam. Een oudere mevrouw was in het vliegtuig de hele tijd bezig geweest met een rood draadje op een zakdoekje het Russische woord SPASIBO - dank u wel - te borduren. Dit zakdoekje gaf ze mij op het vliegveld ten afscheid.

Geregeld hebben mensen mij gezegd dat ik eens boek moest schrijven over mijn leven. Zelf heb ik daar nooit zo over nagedacht. Nu ben ik 88 en sinds lang met pensioen. Mijn kinderen en kleinkinderen zijn opgegroeid, er is al een eerste achterkleinkind. Sommigen hebben een Russische naam. Ik ben altijd blij om ze te zien. Ze tonen veel interesse in mijn levensgeschiedenis.

Zodoende heb ik besloten voor hen dit boek te maken. Op hun verzoek is het uitgekomen en aan hen draag ik het op. Ook draag ik het boek op aan mijn ouders – Koos en Nell Visch, de "kolonisten" uit Nederland. Hun belangrijke besluit om naar de Sovjet-Unie te emigreren heeft mij het geluk geschonken om in één leven twee Vaderlanden te hebben.

Marcella Visch (Mol).

Met dank aan de auteur van mijn biografie, Jelena Pravdina, voor haar enthousiasme en haar volharding bij het zoeken naar historisch materiaal, gewijd aan een belangrijk Siberisch project en een uniek internationaal experiment.

RUSLAND

HET GEZIN

Het was volop lente. De bruiloft was rustig en bescheiden verlopen, de gasten waren vertrokken. Ook de jonggehuwden, Koos en Nell Visch[1], waren klaar voor vertrek. Met het geld dat zij voor hun huwelijk hadden gekregen hadden zij besloten naar Rusland te gaan. Op een lange, moeilijke reis naar een onbekend, nieuw land.

Koos Visch was geboren in 1899, zijn jonge echtgenote Nell twee jaar eerder. Haar meisjesnaam was Vermeer. In het gezin werd schertsend gezegd dat ze familie waren van de bekende kunstenaar. Beiden waren lid van de Nederlandse Jeugdbeweging (de Jongelieden Geheelonthouders Bond – JGOB) die in 1912 in Haarlem was opgericht. Onder de leden waren vele jonge schrijvers, kunstenaars en idealisten van allerlei slag. Deze generatie was opgekomen door de snelle industrialisatie van Europa in de tweede helft van de 19^e eeuw.

Hij was een jonge technicus, een metallurg, die schriftelijke cursussen had gevolgd in Engeland en in Berlijn, waar hij als consequent pacifist gevangen zat voor dienstweigering in het Nederlandse leger. Zijn kennis en talenten wilde hij inzetten voor de grote projecten van de nieuwe tijd. Zelf was hij afkomstig uit een arbeidersgezin en opgevoed met de idealen van de arbeidersdemocratie, de idealen van gelijkheid en broederschap.

Zij kwam uit een welgesteld traditioneel burgerlijk en religieus gezin. Het meisje had al op jonge leeftijd aan de Haagse Modevakschool

---

1 Volledige namen: Hendrikus Jacobus Visch (1899 – 1943), Petronella Gerardina Vermeer (1897 – 1990).

het diploma van costumière behaald en was al vroeg begonnen te werken. Zelf koos ze haar garderobe met zorgvuldigheid en ging altijd bescheiden, maar smaakvol gekleed.

De jeugdige Nell, die hartstochtelijk verliefd was op haar man en zijn idealen deelde, was bereid hem desnoods tot het einde van de wereld te volgen.

Hun plaats van bestemming – de Oeral, Nadezjdinsk en later Kemerovo – was voor hen inderdaad het einde van de wereld. Ergens achteraf gelegen tussen de Siberische rivieren was dit district nog maar heel kort voor hun aankomst verlaten door admiraal Koltsjak en zijn Witte Vrijwilligersleger. De Sovjetmacht had zich er gevestigd en had de energieke Hollandse ingenieur Sebald Rutgers het voorstel gedaan om in Kemerovo een autonome industriële kolonie te stichten. Het was de bedoeling dat er in de kolonie zij aan zij met de Russische arbeiders en ingenieurs ook buitenlandse arbeiders en specialisten kwamen werken.

HET JONGE RUSLAND

Het land was nauwelijks bekomen van de Eerste Wereldoorlog en de revolutie. De tsaristische autocratie werd vervangen door in eerste instantie de Tijdelijke Regering, en vanaf oktober 1917 kwamen de arbeiders en boeren aan de macht. Waarna de brand van de burgeroorlog uitbrak. Het hele land lag in puin. Het was dringend noodzakelijk om de verwoeste fabrieken en bedrijven te herstellen en nieuwe ondernemingen op te zetten Het internationale proletariaat werd te hulp geroepen en reageerde onmiddellijk.

Er bestond in die tijd veel animo om naar de Sovjet-Unie af te reizen en het nieuwe land op te bouwen. Begin 1921 kwamen er al emigranten aan uit de Verenigde Staten. Ze kwamen naar Siberië, niet alleen op zoek naar werk, maar ook met een vurig verlangen om de jonge Sovjetrepubliek te helpen de problemen te boven te komen en de industrie van het land te herstellen.

De eerste landverhuizers werden door de plaatselijke bevolking vijandig bejegend. De laatste salvo's van de burgeroorlog waren nog maar net weggestorven. Ver weg in het oosten was de strijd eigenlijk nog niet eens beslecht. En nu kwamen er weer vreemdelingen, die HUN land, HUN werk inpikten. Waar nog bij kwam dat de activiteiten van de kolonisten de eerste tijd geen enkel zichtbaar of merkbaar nut leken te hebben. De boeren en de vroegere mijnwerkers wilden hun grond niet delen met de vreemdelingen en beschouwden ze als de nieuwe uitbuiters.

Er was geen elektriciteit, waterleiding, riolering, niets van al het comfort dat ons tegenwoordig omringt. Dat alles was in de eerste jaren van de kolonie een onvoorstelbare, onbereikbare luxe. Maar de buitenlandse arbeiders hadden alles op het spel gezet. Zij kwamen voor eigen rekening naar Sovjet-Rusland, hadden al hun bezit verkocht en voor het geld gereedschap en levensmiddelen aangeschaft. Al wat nodig was om Lenin en de bolsjewieken te helpen het socialisme op te bouwen, de industrie te herstellen in het door de revolutie en de burgeroorlog verwoeste land, brachten ze met zich mee.

Het begin van de kolonie dateert van 1921. Toen werd de exploitatie van de rijkdommen in het Koeznets-bekken op de agenda van de Hoogste Raad van de Volkseconomie gezet. Op bevel van het Centraal Comité en met steun van Lenin zelf werd aan de oever van de rivier de Tom een kleine nederzetting gesticht, in de onmiddellijke nabijheid van de oude, op dat moment verlaten mijnschachten.

Het oorspronkelijke idee van de ontginning van deze gronden stamt echter al uit de tsarentijd. Reeds in 1912 had Vladimir Trepov, een hoge adviseur aan het hof, de tsaar geënthousiasmeerd voor zijn grootse plannen met betrekking tot de ontwikkeling van het land en het versterken van zijn veiligheid. De veiligheid moest versterkt worden door in eerste instantie de industrie te ontwikkelen. Daarvoor waren natuurlijke hulpbronnen nodig, allereerst steenkool en ijzererts. En zo kwam dan ook de vraag naar de enorme rijkdommen van Siberië naar voren.

De plaatselijke bevolking koesterde een legende over de Verbrande Berg: ooit was er de bliksem ingeslagen, waarbij de top van de berg was afgebrand. Zo was de berg aan zijn naam gekomen. Niemand wist destijds wat de oorzaak was van deze wonderbaarlijke gebeurtenis. Maar al spoedig werd duidelijk dat er in de streek steenkool te vinden was, en al vanaf de 18^e eeuw begon men geleidelijk met de exploitatie. In 1912 onderzocht de ertskundige Michailo Volkov tijdens een expeditie naar dit gebied de steenkoolberg en ontdekte een steenkoollaag die rechtstreeks aan de oppervlakte kwam. Deze plaats werd de vindplaats van Kemerovo genoemd en er werden enkele schachten aangelegd. Op de rechteroever van de Tom lagen een dorp en de mijn, op de linkeroever lag het kerkdorp Sjtsjeglovo. Daar woonden niet meer dan drieduizend inwoners, hoofdzakelijk ongeletterde boeren. Zij gingen in de mijnen werken. Maar er waren veranderingen in aantocht.

In Sint-Petersburg was de adviseur Trepov koortsachtig in de weer. Iedereen wist van de rijke vindplaatsen, maar men was bang om er geld in te steken. Er waren reusachtige kapitalen en politieke invloed nodig om het project van de grond te krijgen. Op 19 oktober 1912 sloot het kabinet van de Tsaar met Vladimir Trepov een contract af voor de winning van Siberische steenkool in het Koeznets-bekken, voor een termijn van zestig jaar. Zo ontstond Kopikoez – de eerste aandeelhoudersmaatschappij van de kolenmijnen van Koeznetsk. Voor de ontginning van de vindplaats kreeg de maatschappij een concessie voor een gebied dat groter was dan het huidige Engeland. Hier, rondom de mijn van Kemerovo, moest een grootschalig industrieel centrum verrijzen. Maar dat alles lag nog in het verschiet.

De aandeelhoudersmaatschappij ging snel van start. In 1913 werd de eerste mijn gebouwd. Bij de opening was de man aanwezig met wiens naam nadien alle activiteiten van Kopikoez verbonden zouden zijn. Josef Fjodoróvitsj, de eerste president-directeur van de mijn van Kemerovo, had van zich doen spreken als een briljant ingenieur en getalenteerd econoom. Er werden allerlei technici aangetrokken. Voor de verkenning van het veld arriveerde een geleerde van wereldfaam, de geoloog Leonid Loetoegin. Het veld werd grondig onderzocht. Fjodoróvitsj was verbijsterd over de resultaten. Loetoegin schatte, dat er in de schoot van het Koeznetsk-bekken meer dan 250 miljard ton steenkool verborgen lag, wat gelijk is aan zes Donbassen. En dat was aanzienlijk meer dan de totale steenkoolvoorraden van Duitsland en Engeland bij elkaar. Kemerovo wachtte een grote toekomst.

De plaatselijke boeren stonden versteld van de snelle veranderingen, waardoor de omgeving er in vrij korte tijd heel anders uit was gaan zien. De eerste stenen gebouwen verschenen. Daarin werden het kantoor van de mijn van Kemerovo, het ziekenhuis en het huis van de bedrijfsleider gehuisvest. Uit heel Rusland kwamen honderden mensen op het werk af. De plaatselijke bewoners waren niet bepaald blij met de snelle bevolkingsgroei.

De Eerste Wereldoorlog, die in 1914 begonnen was, zorgde voor een nijpend tekort aan steenkool in het land. Ook ontstond een gebrek aan patronen, kruit en metaal. Er werden krijgsgevangenen naar het mijnengebied Kemerovo gestuurd voor de bouw van een cokeschemisch fabriekscomplex.

Een spoorweg werd aangelegd, die in 1915 gereed kwam. De plaatselijke bevolking was geschokt toen in september de eerste locomotief, puffend in wolken stoom, aankwam op het station. Over de rivier werd een kabelbaan gespannen van drie kilometer lang. Daarlangs werd vanaf de rechteroever steenkool uit de Tsentralnajamijn aangevoerd voor de cokes-chemische fabriek, die gelegen was aan de linkeroever de Tom. De volgeladen karretjes vlogen zo in een paar minuten de rivier over. In zeer korte tijd was de mijn van Kemerovo volledig in bedrijf. Fjodoróvitsj verbeeldde zich al gigantische bedrijven en mijnen met een moderne uitrusting en duizenden medewerkers. Hij droomde ervan om hiermee het energiepotentieel van het land op te voeren.

Toen brak de revolutie uit. Daarmee begon de ondergang van KoPiKoez. De Burgeroorlog nam verwoesting en honger met zich mee, overal stroomde bloed. In de bossen vormden zich afdelingen partizanen, bandietenbendes maakten de wegen onveilig. De dichtstbijzijnde nederzetting, Sjtsjeglovo, kreeg de status van een stad en werd omgedoopt tot Sjtsjeglovski. De stad ging voortdurend in andere handen over, nu eens van de Witten, dan weer van de Roden. In die situatie ging het contact met de aandeelhouders verloren. Fjodoróvitsj formeerde op eigen houtje een nieuw bestuur en sloot met Koltsjak een contract voor de levering van steenkool voor zijn leger. In januari 1920 werd het leger van Koltsjak vernietigd. Bij besluit van de Sovjetregering werd Kopikoez genationaliseerd. Fjodoróvitsj moest vertrekken. Hij nam alleen het Rode Boek mee, waarin alle rijkdommen van de Koezbass beschreven waren: de gedetailleerde kaarten van de vindplaatsen, door Loetoegin samengesteld, en de Belgische werktekeningen van de cokes-chemische fabriek. Maar de opgeblazen bruggen, de verwoeste wegen, de overstroomde schachten en de fabriek bleven achter, wachtend op de nieuwe eigenaren.

DE REIS

Het was 1922. De reis van de pasgetrouwde Koos en Nell begon in de Rotterdamse haven. Het duurde lang. Eerst over zee naar Petrograd met het motorschip *Warszawa*. De zeven dagen op zee betekenden voor het jonge paar hun huwelijksreis. Nell bleek bijna de enige vrouw aan boord te zijn. Op de dag van aankomst was het helder weer. Over de kade, tussen de orkesten en de mensen die hen met rode vaandels en spandoeken verwelkomden door, renden zwerfkinderen blootsvoets rond en vroegen iedereen om brood.

"Broodje [2] alstublieft! Een stukje brood!"

Dit waren de eerste woorden in het Russisch die Koos en Nell in Rusland hoorden. Het is ze hun hele leven bijgebleven. In plaats van het feest, het orkest en de bloemen bleven juist deze jongetjes hun bij. Koos kwam hier vaak op terug. Hij zei dan dat er altijd iemand is die het slechter heeft dan jij. Dat je altijd alles moet delen wat je hebt. En vooral het allernoodzakelijkste – eten, brood, broodje. Toen namen Koos en Nell het vaste besluit om na aankomst in Kemerovo hun trouwringen en andere kostbaarheden aan kindertehuizen af te geven, om daarmee brood en ander voedsel voor de kinderen te kopen. En enige tijd later zamelden ook andere kolonisten de etenswaren in die ze meegenomen hadden, en schonken die aan kindertehuizen en ziekenhuizen.

In Petrograd werden de reizigers tijdelijk ondergebracht in het Smolny, waar vóór de Revolutie het Instituut voor adellijke meisjes was gehuisvest. Daar sliepen ze in enorme zalen en kregen in net zulke gigantische zalen eenvoudige koolsoep met donker brood te eten. Het duurde enige tijd voordat ze, eindelijk, naar Siberië konden afreizen,

---

2   In het Rusland van die tijd, en ook nu nog, wordt voor het woord brood vaak liefkozend het verkleinwoord 'broodje' gebruikt. In het Nederlands klinkt dit wat ongewoon en heeft het woord een ietwat andere associatie. Toch is dit hoe de Rus het benoemt.

naar hun plaats van bestemming. Met een speciale trein vertrokken zij naar Nadezjdinsk in de Oeral, een deel van de wagons reed verder naar Kemerovo.

Het jonge paar reisde in een coupérijtuig, de Amerikaanse arbeiders in verwarmde goederenwagons. Verder regen zich de lange dagen aaneen, werd er eindeloos haltgehouden op naamloze stations en stampten de wielen onvermoeibaar voort. Details van de eerste dagen in Rusland zijn ons bekend dankzij een bewaard gebleven brief van Nell aan haar moeder. Op zekere dag kwam op een klein station ergens achter de Wolga iemand in een leren jack de wagon binnen en verklaarde dat alle passagiers een medische controle moesten ondergaan in het stationsgebouw. Maar niemand begreep wat hij zei, en er bleek geen tolk in de buurt. De mensen bleven op hun plaatsen zitten. Toen gaf de man in het leren jack, die kennelijk strenge instructies had, bevel de wagons met de buitenlanders los te koppelen. Zij bleven een hele week in quarantaine op een dood spoor staan, dat voor dat doeleinde bestemd was. Pas dagen later, nadat Moskou was ingeschakeld, lukte het de quarantaine van de landverhuizers op te heffen, en rolden de wagons verder. Aldus verliep de eerste kennismaking met het land en zijn bewoners.

HET BEGIN

De eerste buitenlandse kolonisten begonnen met het optrekken van woonbarakken voor de arbeiders, huizen voor de ingenieurs en specialisten en gebouwen voor gemeenschapsvoorzieningen. Het enige stenen huis dat al op het terrein van de toekomstige kolonie stond was gebouwd door Oostenrijkse krijgsgevangenen die hier na de Eerste Wereldoorlog waren beland, en had enige tijd als hoofdkwartier gediend voor admiraal Koltsjak. Aan de overkant van de Tom bevonden zich de mijnen en de ruïnes van de fabriek, die zou worden hersteld en opgestart.

Het initiatief daartoe was in 1921 uitgegaan van de Hollandse ingenieur Sebald Rutgers. Samen met Ludwig Martens – een ervaren Russische bolsjewiek en de eerste vertegenwoordiger van Sovjet-Rusland in de Verenigde Staten – had hij een brief geschreven aan V.I. Lenin, waarin hij tot in detail zijn plan uiteenzette om een Autonome Internationale Kolonie voor de winning van de onmetelijke onderaardse rijkdommen van Siberië te stichten.

Rutgers zelf was in Rusland terechtgekomen via Indonesië. Vóór zijn werk in Indonesië had hij een aantal grootstedelijke projecten verwezenlijkt, bruggen en havens gebouwd. Van jongs af aan voelde hij zich verwant met de socialisten en streefde hij naar een betere wereld. Toen in Rusland de revolutie begon wilde hij graag zijn steentje bijdragen aan de opbouw van de nieuwe maatschappij. In Indonesië had Sebald Rutgers aanschouwd hoe ongelukkig en rechteloos de arbeiders in de koloniën waren. Op eigen initiatief probeerde hij een medische post voor de arbeiders op te zetten; ook ondersteunde hij een aantal van hen die het moeilijk hadden. Toen zijn arbeidscontract afgelopen was besloot Rutgers met zijn gezin naar Japan te verhuizen, om dichter bij Rusland te zijn en te trachten van daaruit de jonge republiek in te komen. Vanuit Japan stak hij samen met zijn vrouw en twee kameraden over naar Vladivostok.

Vervolgens volbrachten zij de zware reis naar Moskou, dwars door Rusland, dat in die tijd in lichterlaaie stond door de Burgeroorlog. Driemaal moesten zij de frontlinie tussen de Roden en de Witten passeren, waarbij Rutgers zich aan de Witten voordeed als een zakenman die uit was op gunstige contracten en zijn Nederlandse paspoort liet zien met het visitekaartje van lid van de Raad van het Nederlands Ingenieurs Instituut en consulent van de Verenigde Nederlands-Indische Spoorwegen; de Roden vertelde hij dat hij Lenin persoonlijk kende. Na enorme avonturen en moeilijkheden, waarbij ze meer dan eens hun leven riskeerden, bereikten ze Moskou.

Direct na aankomst wendde Rutgers zich tot Lenin, met zijn plan om industriële werkkolonies van buitenlandse arbeiders en specialisten uit de ontwikkelde landen te organiseren. Hij stelde voor om te beginnen met de exploitatie van het Koeznetsk-bekken, waarna ook andere projecten aan bod zouden komen. In zijn voorstel aan Lenin schreef hij: "De voordelen van dit gebied vanuit technisch oogpunt liggen in zijn onuitputtelijke voorraden aan landbouwproducten, hout, steenkool en ijzer..." Toen hij hoorde van het bestaan van het Rode Boek van ingenieur Fjodoróvitsj, de vroegere directeur van Kopikoez, ondernam Rutgers meerdere pogingen om hem te ontmoeten en hem ertoe te bewegen het boek af te staan, ten bate van zijn projecten voor het herstel van het industriële centrum van de Koezbass. Maar Fjodoróvitsj weigerde hardnekkig hem te ontmoeten. Kopikoez was zijn levenswerk. Hij geloofde niet in de ideeën van Rutgers en hoopte op een terugkeer van de oude orde. Uiteindelijk stemde hij toch in met een ontmoeting. Na alle argumenten aangehoord te hebben, stelde hij toen Rutgers in de gelegenheid om het zo waardevolle boek over te schrijven. En zo kwamen de voor de reconstructie van het gebied onontbeerlijke kaarten, tekeningen en andere documenten bij de nieuwe projectleider terecht..

In Rusland aangekomen zag Rutgers een heleboel nieuwe mogelijkheden voor de jonge republiek. Hij maakte kennis met de Amerikanen Herbert Calvert – een technicus van de Fordfabriek in Detroit, afstammeling van aristocraten uit New England en lid van de internationale unie "Industriewerkers van de Wereld", en met Bill Haywood – een anarchist met een romantische inslag, die een van de grootste vakbewegingen in de VS leidde en de ideeën van gelijkheid en broederschap onder de toekomstige arbeiders van de kolonie uitdroeg. Allebei wilden ze, net als Rutgers, hun steentje bijdragen aan de industriële inrichting van het nieuwe land van arbeiders en boeren. In Moskou kruisten hun wegen. Zij stelden voor op de grondvesten van Kopikoez een project op te zetten dat arbeiders van de hele wereld zou verenigen in een nieuwe grandioze onderneming – de Autonome Industriële Kolonie "Koezbass." Het hoofddoel van het project was het herstel van de door de oorlog verwoeste Siberische mijnbouw en industrie, met de deelname van buitenlandse arbeiders en specialisten. Binnen de kolonie moesten de ideeën van arbeidersgelijkheid worden ondersteund, en gebruik worden gemaakt van effectieve bestuurssystemen en moderne technologieën. Een dergelijk project voor de opbouw van een "nieuwe wereld" vereiste goedkeuring van bovenaf.

Het hoofdaccent van het project lag in de Oeral en de Koezbass, waar een machtig landelijk industrieel centrum moest komen. De Nadjezjdinski metaalfabriek in het noorden van de Oeral en de mijnen van de Koezbass moesten worden hersteld. Sebald Rutgers stelde voor ook buitenlandse specialisten op verschillend terrein uit te nodigen om voor enkele jaren op contract te komen werken. Deze mensen zouden niet komen om hun idealen te realiseren, maar om betaald werk te verrichten. Hun drijfveren verschilden van die van de ideologisch gemotiveerde arbeiders

Lenin reageerde positief. Het project van Rutgers kon een belangrijk experiment worden, zowel voor de Sovjetregering als voor met het communisme sympathiserende arbeiders in de hele wereld. Hij had wel zijn twijfels, want na de revolutie en de Burgeroorlog waren de omstandigheden in Rusland verre van eenvoudig: verwoesting, honger, epidemieën. Kunnen vreemdelingen dat volhouden? Afzien van het normale leven met alle comfort en vrijwillig het in die tijd nog volledig woeste Siberië komen ontginnen is een zware test, waarbij de standvastigheid van de proletarische internationalisten flink op de proef zou worden gesteld.

Er werden voorwaarden opgelegd aan de vrijwillige landverhuizers: zij moesten voor twee jaar levensmiddelen en kleding meenemen, en ook werktuigen – gereedschap en al wat noodzakelijk was. De Nederlander Harry Sussman schreef in 1922 aan zijn broer: "De kolonisten moesten tweehonderd dollar meebrengen, kleding, beddengoed en voedsel. Wij hebben ons verplicht om met een productiviteit en discipline te werken die hoger is dan die van het kapitalisme." Deze eisen van Lenin weerhielden de mensen die in de Siberische kolonie wilden werken niet. Daar kwam nog bij dat de kolonisten er collectief verantwoordelijk voor gesteld dat de mensen die naar Rusland vertrokken tot allerlei ontberingen bereid en tot maximale inspanningen in staat waren. Alle bijzonderheden moesten ter beoordeling worden doorgegeven aan de Sovjetmachthebbers. De kolonisten waren verplicht hun besluiten direct uit te voeren. Ook moesten zij de plaatselijke bevolking helpen en streven naar vriendschappelijke betrekkingen om het wantrouwen en de jaloezie te overwinnen.

Op 22 juni 2021 werd door de Raad van Arbeid en Defensie het besluit genomen tot de oprichting van de kolonie. Volgens dit besluit moest Rutgers zich met een tiental medewerkers naar de Oeral en het Koeznetsk-bekken begeven, om ter plaatse te bepalen welke ondernemingen en mijnen geschikt waren om aan de Amerikaanse industriële immigranten ter beschikking te stellen.

Na terugkeer van deze reis legde Sebald Rutgers de Raad een gedetailleerd plan voor tot het opzetten van een industriële arbeiderskolonie, met als doel het herstel en de ontwikkeling van de steenkoolwinning en de productie van cokes in de Koezbass.

Op 20 oktober 1921 werd het besluit bekrachtigd tot het opzetten van de Autonome Industriële Kolonie "Koezbass", afgekort AIK. De kolonie kreeg de volle vrijheid wat betreft zelfbestuur, selectie van het management, planning en organisatie van de werkzaamheden. Zij zou een staat in de staat kunnen worden. Het was de bedoeling dat de werkkrachten in deze regio voornamelijk zouden bestaan uit vrijwillige arbeiders uit de VS, Duitsland, Engeland, Frankrijk, België, Hongarije en andere landen. De meesten van hen hadden geen enkele vorm van onderwijs of vakopleiding genoten. In de VS heerste op dat moment grote werkloosheid en de arbeiders trokken met honderden naar Rusland. Dit project gaf hun de mogelijkheid om weer aan het werk te gaan. De plaatselijke overheid in Amerika was alleen maar blij met hun vertrek. Zij vertrokken met hun gezinnen, omdat zij niets te verliezen hadden. Hun werd werk gegarandeerd en een passend loon. Maar velen waren helemaal niet voorbereid op de ontberingen die hun te wachten stonden in het nieuwe land. De campagne greep zó snel om zich heen en de mensen gingen zó snel op weg naar Rusland dat er bij hun aankomst niets gereed was. Bijzonder zwaar was het voor de allereerste kolonisten. Zij hadden geen woonruimte, geen badgelegenheid, geen eetzalen, het ontbrak hun aan iedere vorm van gemak. Hierover vertellen ook de brieven van Koos Visch aan zijn familieleden in Nederland, die tot aan 1940, tot vlak voor de Duitse bezetting zijn brieven nog ontvingen. In het Instituut voor Sociale Geschiedenis worden 36 van deze brieven bewaard. Het huiselijk archief van de familie Visch-Mol bezit de kopieën ervan.

Rutgers en Calvert maakten in vele landen actief propaganda voor de AIK. In New York werd op Broadway het Koezbureau geopend, waar mensen zich konden opgeven voor de opbouw van het "rijk van de gelijkheid." Het bureau verspreidde informatie over de kolonie in het verre Siberië, waar geleefd en gewerkt werd volgens de principes van arbeiderszelfbestuur. In heel Amerika waren meer dan dertig centra die de uitreisdocumenten naar de Koezbass regelden. De Amerikaanse arbeiders waren enthousiast over de ideeën van gelijkheid en arbeidersbroederschap. Velen van hen wilden meewerken aan de opbouw van de "nieuwe wereld." Zij geloofden in Calvert, in het beeld dat hij schetste van de AIK. Harry Sussman schreef vanuit Amerika aan zijn broer: "Ik heb voor 10 cent een folder gekocht: in het kleine stadje zijn vier bakkerijen, een hotel, een ziekenhuis, twee bioscopen, brede straten, huizen met elektriciteit en soms met waterleiding. Heb besloten te gaan."

In Amerika dook zelfs een nieuw woord op: "koezbassing", wat "gratis werken" betekent. Herbert Calvert begeleidde de landverhuizers persoonlijk naar Siberië. In haar biografie van Bill Haywood[3] schrijft Jevgenia Krivosjejeva dat Bill zich toen hij wegvoer van Amerika tot het Vrijheidsbeeld richtte met de woorden: "Jij, oude heks, stond altijd met je rug naar mij toe. Nu draai ik jou mijn rug toe en ga naar het land van

---

3 Bolsjoj Bill in de Koezbass: bladzijden van internationale betrekkingen.

de echte vrijheid." Bill kwam in juni 1922 in Kemerovo aan. Hij was een levende legende. In Amerika was één woord van hem genoeg om een hele bedrijfstak stil te leggen. Hij was een anarchist, een aanhanger van de utopische ideeën van absolute gelijkheid. Reeds in 1910 had hij in Kopenhagen Lenin ontmoet. Bij die gelegenheid sprak Lenin: "Ik heb veel over u gehoord, Big Bill." Waarop deze antwoordde: "Ik niet over u."

Zo ontstond de door buitenlandse vrijwilligers gestichte Autonome Industriële Kolonie "Koezbass", de eerste buitenlandse onderneming in Sovjet-Rusland. De eerste directeur van de onderneming was een vriend van Bill Haywood, een Cherokee indiaan genaamd Jack Ch. Bayer. De Amerikaanse indiaan, een eenvoudige arbeider en lid van de Amerikaanse Communistische Partij, stierf al snel aan een hartaanval, staande achter een katheder, vanwaar hij een vurige redevoering tot de arbeiders richtte. Hij probeerde de plaatselijke boeren duidelijk te maken waarom de buitenlandse arbeiders hier naartoe waren gekomen. Maar de plaatselijke bevolking bleef als tevoren de buitenlanders zien als de nieuwe uitbuiters. Zij bleven zeggen: "De oude zijn nog niet weg, of er zijn alweer andere."

Binnen de AIK werden alle problemen besproken op eindeloze algemene vergaderingen. Over de kleinste details werd na lang overleg gezamenlijk beslist. Hierdoor verliepen de zaken buitengewoon traag. De grandioze plannen voor de industriële opbloei kwamen vooralsnog niet verder dan op papier. Bill Haywood, die na de dood van zijn vriend directeur was geworden van de kolonie, werd geconfronteerd met duizenden organisatorische problemen die hij niet in staat was op te lossen. Het utopische karakter van zijn droom werd duidelijk. Iemand anders moest de "grote arbeidersbroederschap" leiden. Het stuklopen van zijn idealen vormde de oorzaak van Bill Haywoods vertrek. Bij zijn vertrek uit de kolonie huilde hij als een kind.

De nieuwe leider van de AIK werd Sebald Rutgers. Hij was een pragmatischer persoon, met de ambitie en het vaste voornemen de kolonie om te vormen tot een modelonderneming. Als marxist begreep hij hoe belangrijk een strikte leiding was. Hij begon met kardinale maatregelen. Op het moment dat hij in functie trad, waren er op honderd arbeiders 45 leidinggevenden. Rutgers besloot tot massale ontslagen in het ambtenarenleger. Omdat veel kolonisten nog steeds in tenten woonden was de volgende stap de bouw van een groot collectief wooncomplex voor tweehonderd mensen. In het buitenland werden moderne materialen besteld, in hoog tempo werden woonhuizen en openbare gebouwen neergezet en wegen gerepareerd. Maar de voornaamste taak bleef de voltooiing van de door Kopikoez aangevangen bouw van de cokes-chemische fabriek op de linkeroever van de Tom.

DE COMMUNE

Het was zwaar. Heel zwaar. In het begin waren de omstandigheden mensonwaardig. De eerste landverhuizers hadden het zwaarder dan degenen die volgden. Zij woonden in tenten en in wagons, voordat de eerste woonbarakken waren gebouwd. De plaatselijke inwoners weigerden de kolonisten te helpen en wilden hun geen onderdak geven. Er was een elementair gebrek aan voedsel, kleding en medische verzorging. De winters waren streng en er was, vreemd genoeg, tegenwerking van de overheid en van plaatselijke technici.

Alleen dankzij het niet aflatende enthousiasme waarmee de buitenlandse arbeiders en technici naar Rusland kwamen, hun onuitroeibare verlangen om het jonge land en zijn inwoners te steunen, hun streven aan te tonen dat de realisatie van de arbeidersdemocratie mogelijk was, konden de kolonisten volharden in de verwezenlijking van hun gekoesterde idealen, zelfs in de meest erbarmelijke omstandigheden.

Het grootste deel van de Amerikaanse arbeiders die naar Siberië kwamen, het waren er honderden, werd gevormd door werklozen die geen hoop meer hadden op een goede toekomst in hun eigen land. Er waren ook mensen bij die op deze wijze wilden ontkomen aan vervolging door de overheid, doordat ze zich hadden aangesloten bij de arbeidersbeweging en hadden deelgenomen aan stakingen en acties tegen de regering. In kleinere getale arriveerden er technici en ingenieurs – specialisten op het gebied van mijnbouw, bouwnijverheid en metallurgie.

Wat later, toen de kolonie al van de grond was gekomen en gestadig was uitgebreid met nieuwe industrieën, werd het tekort aan specialisten met dubbele kracht voelbaar. Toen moest Rutgers opnieuw naar Nederland om technici en ingenieurs te vinden. De nieuwe lichting specialisten bestond niet alleen uit idealisten. Velen kwamen om op contract te werken, simpelweg om geld te verdienen; zij kregen voor die tijd goed betaald. Sommige nieuwkomers pasten zich heel snel aan en voegden zich organisch naar het leven van de kolonie. Maar er waren er ook die niet konden wennen en al snel weer vertrokken.

HET WERK. DE MORAAL. DE WEDERZIJDSE HULP

Het werk was zwaar. Er was de taalbarrière, er was wantrouwen tegen die op het eerste gezicht alleszins welvarende buitenlandse arbeiders, die van het andere eind van de wereld hierheen waren gekomen, voor eigen rekening, met hun eigen bouwtechnieken en landbouwmethoden, om een ideale onderneming op te bouwen, een ideale maatschappij, een ideale economie. En nog wel hier, op een klein reepje Siberische grond, waar nederzettingen schaars zijn en wegen bijna ontbreken, maar waar de schoot der aarde ongehoord rijk is aan delfstoffen – aan steenkool en ertsen. Maar ook was er de belofte van de realisering van de idealen waarmee de Amerikaanse arbeiders naar dit kleine AIK-eilandje snelden, dat wil zeggen de realisering van een autonome, onafhankelijke kolonie. Waar de idealen van het arbeiderszelfbestuur moesten zegevieren, waar over alle kwesties en problemen gezamenlijk, op algemene vergaderingen, werd beslist, waar alle zorgen, alle beslommeringen een gemeenschappelijke zaak waren. Maar helaas lukte het bij lange na niet meteen om deze saamhorigheid in de kolonie te bereiken.

Daarvoor waren heel wat oorzaken aan te geven. In het begin besloten sommige arbeiders die de moeilijkheden niet aankonden terug te keren naar Amerika, wat de gestemdheid in de kolonie enigszins deed wankelen. Tegen het aanbreken van de winter was men nog steeds niet klaar met de bouw van de barakken om alle arbeiders onder te brengen. Iedereen woonde bij elkaar, elke vierkante meter bruikbare ruimte werd benut. Er gingen daadwerkelijk veel makke schapen in een hok. Zelfs in het Stenen Huis, waar de directie van de kolonie met zijn gezinnen woonde, waren gewone arbeiders ondergebracht, in de kelder, in de gangen, in de keuken en zelfs in de badkamer. Iedereen begreep dat dit tijdelijk was en hielp elkaar zoveel mogelijk.

De eerste taak van Nell was om de orde in het huis te handhaven en eten te koken. Dat was al niet eenvoudig. Er was immers geen keukengerei, noch enig stukje huisraad. Later moest zij ook nog de zieken verplegen, want zij had een EHBO-diploma. Artsen waren er in de wijde omgeving niet. In alle voorkomende gevallen werd de hulp ingeroepen van kameraad Visch.

Koos en Nell hadden het niet makkelijk. Zij waren altijd vegetariërs geweest. Zij aten in hun vroegere leven bewust geen vlees, terwijl in Rusland iedereen vlees eet. Bij het binnengaan van de gemeenschappelijke eetzaal werd het jonge paar onpasselijk van de geur van vlees. Maar bij zo'n intensieve arbeid als in de kolonie was het onmogelijk om het zelfs maar in je hoofd te halen dat je ervan zou afzien. Koos was hierover kort: "Dit land eet vlees, dus zullen wij ook vlees eten." Zo was hij ten voeten uit: een uitzonderlijk bescheiden man die niet duldde dat hij extra aandacht of een bijzondere behandeling kreeg. Hij zei dan altijd: "Hoge bomen vangen meer wind."

In het allereerste jaar kregen de kolonisten ook nog een ramp te verduren. De tragedie speelde zich af op de rivier. Anton Struik, een van de Nederlandse ingenieurs, besloot de oversteek te verbeteren. Over de rivier werd een kabel gespannen, waarlangs een bootje heen en weer voer. Voor de veerman was het nu veel makkelijker tegen de stroom van de rivier in te gaan. Op zeker moment had zich een groep mensen verzameld voor de oversteek, maar de veerman liet op zich wachten. Toen besloten de arbeiders zelf over te steken. In het midden van de rivier konden zij niet tegen de stroom op. Het bootje sloeg om en alle achttien mensen verdronken. Dit betekende een grote klap, en niet alleen voor de gezinnen van de omgekomenen. Op 27 mei 1923 schreef de ingenieur in een brief aan zijn broer: "Het is een moeilijke oversteek. Ik had voorgesteld om een kabel aan te leggen met wieltjes, waarlangs het bootje makkelijker kon overvaren. Het bootje is midden in de rivier gezonken, achttien mensen zijn erbij verdronken."

Er werd gezegd: "Die buitenlanders gooien onze mensen zo maar op straat, maar zo zijn ze nog sneller van ons af. Ze zetten ons in een bootje en laten ons verdrinken."

Dit voorval gaf nieuw voedsel aan het onbegrip en de geprikkeldheid in de relatie tussen de kolonisten en de plaatselijke bevolking. In de ogen van het volk had een Nederlander "deze oversteek" bedacht, iemand van buiten, een vreemde dus. Hij had lak aan de plaatselijke arbeiders. Ze pakken de Russen grond af, werk, voedsel. Nu zijn ze ook nog begonnen mensen te verzuipen... Het kostte veel moeite te bewijzen dat de mensen eigenmachtig, zonder veerman waren vertrokken en dat het bootje zwaar overbeladen was. Het incident was gesloten, maar de spanning nam toe.

Van de eerste lichting landverhuizers, die samen met Big Bill was gekomen, bleven ongeveer vijfhonderd man in de kolonie. Ongeveer honderd gingen gedesillusioneerd terug. Hun dromen over arbeidersgelijkheid, waarbij over alle kwesties gezamenlijk wordt beslist en alles gelijkelijk wordt verdeeld, waren niet uitgekomen. Zo een vorm van zelfbestuur zou geleid hebben tot chaos, en niet tot het herstel van de onderneming, wat het grote streven van Rutgers was. Hij steunde de NEP (Nieuwe Economische Politiek), die was afgekondigd door de Russische regering. Op zijn bevel werd in de kolonie gedifferentieerd loon ingevoerd. Bij de uitbetaling werd gekeken naar de kwalificaties van de kolonist en naar zijn persoonlijke inbreng. Dit leidde tot verontwaardiging in de kolonie en tot de verbreiding van ongenoegen onder de Amerikaanse arbeiders. Voordien was er immers de commune, waar alles gelijkelijk werd verdeeld onder de kolonisten.

Tegen 1923 telde de kolonie ongeveer dertig nationaliteiten. Alles bij elkaar werkten er tegen de duizend mensen. Er was zelfs een Indonesische prinses met haar Hollandse man meegekomen. In anderhalf jaar tijd begon de ertsmijn er heel anders uit te zien. Maar de cokes-chemische fabriek was nog niet aangepakt. Het bedrijf was ook nog niet afgebouwd. Pas op 2 maart 1924 lukt het de eerste cokes te produceren. Dat was een echte triomf. Daarna begon er ook verandering te komen in de houding van de plaatselijke bevolking tegenover de kolonisten. Zij dwongen nu respect af. Met hun enthousiasme en idealisme boden zij op waardige wijze de moeilijkheden het hoofd en brachten het volk tot ontwikkeling en bloei. Met de opening van de eerste cokes-chemische fabriek in Siberië, de latere elektrificatie van de omringende dorpen en de stichting van een gemechaniseerd landbouwbedrijf werd de AIK een effectief en winstgevend bedrijf.

DE HOLLANDERS.
HUN IDEEËN EN INBRENG

Uit Holland kwam niet alleen de leider en voornaamste ideoloog en inspirator van de kolonie, Sebald Rutgers. Hij slaagde erin een aantal ingenieurs met hun gezinnen mee te krijgen naar Siberië. De één aangelokt door het exotische, een ander door wat hij kon verdienen, een derde gedreven door zijn idealen. Onder hen waren er mensen die de zware omstandigheden niet aankonden en weer vertrokken; ook gingen er mensen weg die hier geen vrijheid en gelijkgerechtigdheid hadden gevonden. Maar er waren er ook die hun leven voorgoed met Rusland hadden verbonden.

Tot de laatsten behoorden Koos en Nell Visch. Zij stonden aan de wieg van de AIK en behoorden tot de eerste kolonisten, die van nul af aan waren begonnen. Samen met de andere pioniers hebben zij de toekomstige stad Kemerovo letterlijk op de kaart gezet. Toen zij aankwamen waren er alleen mijnschachten, een kabelbaan naar de andere kant van de rivier en één enkel solide gebouw – het Stenen Huis, waarin de leiding van de plaatselijke mijn gevestigd was. Maar in de loop der tijden kwamen er mechanische werkplaatsen en tractoren, en zelfs een eigen melkveebedrijf. In de kolonie dronk men de eigen melk, at men eieren van de eigen kippen, en oogstte men tarwe van de velden, die naar de eigen molen werd gebracht. Er werd een generator geïnstalleerd die de kolonie en de omringende dorpen van licht voorzag. Dit was zo nieuw en ongewoon dat de boeren in het begin het licht zelfs niet wilden uitschakelen, uit vrees dat het lampje niet meer zou gaan branden. Al spoedig kwam er voor de meeverhuisde kinderen ook een school. Aanvankelijk waren de lessen in het Engels, later leerden de kinderen ook Russisch. In opdracht van Rutgers werd in het Gemeenschapshuis een club geopend, waar films werden gedraaid en iedere donderdag dansavonden werden gehouden.

In het naburige Sjtsjeglovka was dansen verboden, omdat dat als een bourgeois-overblijfsel werd beschouwd. Maar in de kolonie verliepen deze avonden vrolijk. De lokale jeugd begon naar de kolonisten toe te trekken. De buitenlanders konden ook lokale inwoners meenemen naar het dansen. Wel was er een beperking – iedere kolonist mocht niet meer dan twee dorpsbewoners meenemen. Nu er dansavonden waren, begonnen er ook bruiloften te komen. Het leven kwam op gang.

Maar boven het hoofd van Rutgers pakten de wolken zich samen. In partijkringen werd hij gehaat vanwege de door hem ingevoerde "non-sovjetpraktijken" en vanwege het ontslag van de ambtenaren. De lokale partijfunctionarissen was het idee van een buitenlandse kolonie van het begin af aan vreemd. De AIK zou er nooit gekomen zijn zonder steun van Moskou.

In januari 1924 stierf onverwachts Lenin. In zijn persoon raakte Rutgers de steun kwijt van de hoogste partijleiding. Reeds in maart maakte het bureau van het partijcomité van het district Sjtsjeglovo haar positie tegenover Rutgers en de kolonie duidelijk: "De voornaamste tekortkoming van de AIK is dat men zich de partijpolitiek niet heeft eigen gemaakt. Kameraad Rutgers vermijdt de meetings en de arbeidersvergaderingen. Voor hem is slechts de arbeidsdiscipline van belang. Zolang als de arbeider geen duidelijk beeld heeft van de gang van zaken onder Sovjetcondities, moet er veel energie worden gestoken in de meetings."

Met de kolonie ging het nog steeds bergopwaarts. De Russische specialisten leerden snel en maakten zich vertrouwd met de installaties. Maar de Amerikanen deden weken over het bestuderen van de handleidingen en ze waren er oprecht verbaasd over hoe de Russen kans zagen om al na een dag de installaties op te starten.

In de plannen van Rutgers was de industrialisatie niet het enige doel. Hij was bouwkundig ingenieur en hij koesterde de droom, de stad een ander aanzien te geven door Nederlandse architecten aan te trekken. De eerder aangehaalde Harry Sussman schrijft in 1926 in zijn dagboek: "Enkele maanden geleden is in Kemerovo de Nederlandse architect Johan van Lochem[4] aangekomen." Vervolgens somt hij de gebouwen

---

4   Johannes Bernardus van Lochem – architect van het Bouwbureau AIK "Koezbass" in 1926-1927.

op die de Nederlander heeft ontworpen – een school gecombineerd met een watertoren en een ketelhuis, een badhuis en woonblokken. Als oplossing voor de woningnood stelde de architect voor gebruik te maken van de Nederlandse expertise op het gebied van het bouwen van goedkope volkswoningen voor arbeiders, met basaal comfort. Hij had toen al een paar van zulke wooncomplexen op zijn naam staan in zijn eigen stad Haarlem. Zo kwamen er blokken van tweeëntwintig en vierentwintig eengezinswoningen, die zich in één lijn uitstrekten langs de moderne Abyzovstraat. Vanwege het ongewone uiterlijk en de lengte van de huizenrijen werden ze door de lokale inwoners meteen "de worsten" gedoopt. Architect Van Lochem gebruikte bij de inrichting de modernste snufjes. Binnen werden bijvoorbeeld verblindend witte porseleinen toiletpotten geïnstalleerd. Maar tot de aanleg van een riolering langs de straat kwam het niet. En de lokale bewoners konden deze nieuwigheden niet waarderen. Toiletten binnenshuis – dat is niet proletarisch! De architect kreeg serieuze problemen, men wilde hem volgens de partijlijn terechtwijzen vanwege zijn "niet-proletarische opvatting" van de toiletten. Tot op de dag van vandaag zijn deze toiletpotten in de oude huizen te vinden. Voor het doel waarvoor ze bestemd zijn, worden ze helemaal niet gebruikt. Wel bijvoorbeeld voor het inzouten van augurken. En aan de straat staan de voor het plaatselijke oog gebruikelijke wc-hokjes. Binnenin het schoolgebouw, dat in september 1928 de deuren opende, had de sanitaire dienst hoe dan ook verboden toiletten aan te leggen. Behalve de genoemde objecten bouwde de Nederlandse architect in de periode dat hij voor de AIK werkte twee bakstenen woonhuizen voor specialisten en twee half bakstenen, half houten huizen voor technische ingenieurs, met meer comfort. Deze gebouwen staan op het terrein van het openluchtmuseum voor historisch architectuur "Krasnaja Gorka" ("De Rode Heuvel").

Rond 1926 bereikte de kolonie het hoogtepunt van zijn bloei. Alleen al in de Tsentralnajamijn werd duizend ton steenkool per dag gedolven. Dit was gelijk aan wat de mijn in 1921 in een hele maand haalde. Op de door de AIK geproduceerde cokes werkten bijna alle metallurgische bedrijven van de Oeral. De AIK werd een sociaal experiment, waarvan het succes niet meer ontkend werd. Door dit experiment is heel het leven van Kemerovo veranderd.

Rutgers zelf zei hierover: "De Koezbass nu verlaten is hetzelfde als een interessant boek niet uitlezen." Net als Fjodoróvitsj zeven jaar eerder had hij er geen vermoeden van dat hij weldra zou moeten vertrekken. Zes jaar zware arbeid hadden de gezondheid van de ingenieur ondermijnd. In 1926 wordt Sebald Rutgers door voortdurend slaaptekort en de enorme werkdruk ernstig ziek; in juni vertrekt hij voor een behandeling naar Nederland.

In Moskou bekeek de nieuwe leider van het land de bloeiende buitenlandse kolonie met jaloezie en wantrouwen. Op de plaats van Rutgers stelt Stalin een nieuwe Sovjetdirecteur aan. Deze haatte de buitenlanders en liet dat ook blijken. Hij probeerde terug te keren naar een bureaucratische manier van leidinggeven aan deze experimentele onderneming die beantwoordde aan alle nieuwste eisen van de tijd. AIK begon al heel snel in een doorsnee Sovjettrust te veranderen.

De mensen van de AIK kregen het moeilijk. Zij zagen de kolonie al sinds lang als hun tweede thuis. Hier hadden zij hun nieuwe wereld gebouwd. Met onwaarschijnlijk enthousiasme hadden zij alle ontberingen en moeilijkheden overwonnen. Velen hadden hun liefde gevonden en gezinnen gesticht. Nu was het moment aangebroken dat ze een keuze moesten maken, misschien wel de moeilijkste in hun leven – weggaan of blijven. De geschiedenis van een unieke organisatie liep ten einde. Een volkomen onbekend Siberisch dorpje was veranderd in een machtig Russisch industrieel centrum. De kolonisten hadden een weg afgelegd van afzien en strijd, van lichtende hoop en heldendaden. Samen met de grote mannen, en dankzij hun talent, energie en geloof hebben zij het eerste hoofdstuk kunnen schrijven van de stad Kemerovo. Juist deze eerste decennia van de 20^e eeuw hebben het lot van de Koezbass bepaald en de basis gelegd van een fraaie en bloeiende stad.

De weer op krachten gekomen Rutgers keerde wel naar Rusland terug en zou tot 1938 in Moskou werken. Maar naar de Koezbass kwam hij niet meer. Zijn leven lang zou hij warme betrekkingen onderhouden met het gezin Visch. Als Nell in september 1961 van zijn vrouw Barte per telegram te horen krijgt dat Rutgers zich slecht voelt, gaat zij onmiddellijk naar hen toe. In haar aanwezigheid overlijdt Sebald. Zijn bureau staat tot op de dag van vandaag thuis bij haar dochter Marcella in Amsterdam, als aandenken aan deze uitzonderlijke man.

Maar dat was later. In 1927 trok het gezin Visch naar Novotsjerkassk, waar hun oudste kind geboren werd – hun zoon Volodja[5], zo genoemd ter ere van Vladimir Lenin. Enige tijd later verhuisden zij naar Tajninka – een kleine nederzetting die toen nog buiten Moskou lag, maar later werd opgeslokt door de megapolis. Hier, niet ver van de hoofdstad, kwam hun dochter Marcella ter wereld. In 1930 stuurde de vader een ansichtkaart aan zijn ouders: "Vandaag is onze dochter Marcella geboren, zij weegt acht pond. Mama Nell is al weer thuis."

Bij Moskou hebben ze drie jaar gewoond. Vader werkte op een fabriek voor spoorwegwagons in Mytisjtsji. Hij was daar hoofd van de technische afdeling. Mama Nell was in een tehuis gaan werken voor kinderen die hun ouders hadden verloren tijdens de Burgeroorlog en de daaropvolgende hongersnood. In 1931, toen Marcella één jaar oud was, lukte het Nell met de kinderen naar Nederland te komen. Daar bezochten zij familie en vrienden. Er is een foto waarop Marcella midden op straat zit te spelen, in Deventer. Daar was ze op bezoek bij de oma en opa van haar vaders kant. De familie van haar moeder woonde in Haarlem. Er is ook een foto bewaard gebleven van de éénjarige Marcella, gemaakt in het fotoatelier van Gerard Mol, een vriend van haar vader. En door een speling van het lot is deze meneer later haar schoonvader geworden... Op een foto uit Haarlem zit zij samen met de vierjarige Eric, haar toekomstige echtgenoot, op een divan. Zo zie je maar, welke onverwachte wendingen het lot kan nemen.

In 1934 kreeg Koos een aanstelling aan de Leninmachinefabriek in Charkov, later omgedoopt tot de Tractorfabriek en nog later tot de Fabriek voor Transport- en Hijskranenuitrusting (ChZ TPO) en verhuisde het gezin naar Charkov. In Charkov woonden zij midden in het centrum, in het degelijke Huis van de Specialisten. Tegenover dit huis rees het solide woongebouw op van de industriewerkers. Voor de kleine Marcella en haar broer begon een nieuw leven.

---

5   Volodja is een verkleinwoord van Vladimir.

CHARKOV

Van de verhuizing zelf weet Marcella zich niets te herinneren, ze was nog te klein. Maar hierna begonnen haar gelukkigste jaren. Zij ging naar school. Voor haar ging een nieuwe wereld open, vol nieuwe kennis, interessante mensen en leuke vriendjes en vriendinnetjes.

Voor het overige was alles zoals bij iedereen. Haar vader ging 's morgens vroeg naar de fabriek. Hij was een uitstekende specialist geworden. Begonnen als voorman op de afdeling werktuigbouw, haalde hij zijn ingenieursdiploma en werd hoofdconstructeur van de fabriek, en vervolgens technisch directeur. Hij kreeg een auto met chauffeur van de zaak om naar zijn werk te rijden. Maar omdat zijn werk dichtbij was, ging hij liever met de trein. De fabriek lag bij het station Minoetka, in de stadswijk Nieuw Bavaria. Het commentaar van haar vader was: "Ik heb geen auto nodig, ik ben geen invalide." De chauffeur kwam altijd als hij al weg was; zijn vrees dat hij niets te doen zou krijgen was niet ongegrond.

In die jaren construeerde haar vader een draagbare windturbine voor vliegeniers, deelnemers aan de Papanin-expeditie. Na afloop van de expeditie op het drijvende station "Noordpool № 1" kwamen de deelnemers zelf naar Charkov en nodigden het gezin Visch uit voor een feestelijke ontvangst.

Haar moeder gaf Engelse les aan het Medisch Instituut van Charkov. Samen met haar broer Volodja ging Marcella naar school. Ze gingen volledig op in het Sovjetleven, de gedachte aan terugkeer naar Nederland kwam zelfs niet bij hen op. Rusland was HUN land geworden. Ze voelden dat zij er onlosmakelijk deel van uitmaakten. De ouders werkten hard, zaten vaak tot 's avonds laat in vergaderingen en waren zelden thuis. De kinderen groeiden zelfstandig op. En, zoals dat meestal gaat, werden zij door allerlei mensen die op hun pad kwamen geholpen. Daarom voelde Marcella nooit dat zij geen oma in de buurt had, dat er verder geen familie was. Zij voelde zich nooit eenzaam. De conciërge van hun flatgebouw had altijd wel wat lekkers voor Marcella. Als zij door de voordeur naar binnen glipte stond de conciërge haar al op te wachten met een pasteitje of kwam met een boterhammetje aanzetten, of soms met iets lekkers dat ze zelf gebakken had. Als de buren paddenstoelen hadden geplukt, trakteerden zij haar op paddenstoelensoep. Als ze bieten kookten, kreeg zij bietensoep met een stukje brood. Met haar broer lag het moeilijker. Hij at meer dan zij, kreeg nooit genoeg, en liep vaak hongerig rond. Ook nu nog zegt Marcella, dat "de Russen haar hebben opgevoed." In het begin ging ze naar een gewone kleuterschool, zoals al haar leeftijdgenootjes, en daarna naar de basisschool. Soms kwam het gezin Bolander bij hen op bezoek, met hun dochtertje Wera. Zij waren Nederlanders die door een speling van het lot in de Sovjet-Unie waren beland en daar nu al jaren waren blijven steken.

In 1934 veranderde de situatie in het land en liepen de spanningen heel hoog op. De partijzuiveringen begonnen. Deze hadden ook hun weerslag op de fabriek waar Koos Visch werkte. De vergaderingen, de reprimandes, de arrestaties vingen aan. Ook hij werd voor een commissie ter verantwoording geroepen voor "onderzoek naar een persoonlijke zaak", zoals dat toen werd genoemd. Goede vrienden raadden hem aan bij de fabriek weg te gaan, weg van de narigheid, om te bui over te laten waaien. Haar vader moest overstappen naar de naburige beddenfabriek, waar voor het hele land metalen bedden werden geproduceerd. Wat later, toen alles min of meer gekalmeerd was, werd hem verzocht terug te komen naar zijn vorige fabriek, om hijskranen te bouwen.

En pas in de jaren tweeduizend, als volwassene, hoorde Marcella in Nederland van een van haar toeristen in een vertrouwelijk gesprek over de repressie van de dertiger jaren. Natuurlijk was ze toen nog een kind en kon ze niet begrijpen wat zich in het land afspeelde. Maar haar eerste reactie tijdens dat gesprek was boosheid. "Mijn ouders ware zulke eerlijke en bescheiden mensen – het BESTAAT NIET dat ze zouden worden gearresteerd. Hun zou zoiets nooit zijn overkomen."

Thuis werd alleen Russisch gesproken. Bij niemand kwam het in zijn hoofd op dat Nederlands de moedertaal van Koos en Nell was en dat zij al vele jaren geleden uit het verre Nederland waren gekomen. Toen oma, de moeder van Nell, voor de tweede keer op bezoek kwam, dat was in 1936-37, kon zij moeizaam met haar kleinkinderen communiceren. De kinderen spraken geen Nederlands en zelf had ze nooit Russisch geleerd. Oma hing wel eens uit het raam om haar kleindochter voor het eten te roepen. Dan riep ze eerst haar naam, en vervolgens gebaarde ze dat het tijd was om wat in de mond te stoppen.

DE OORLOG

Toen in 1941 de zomervakantie was begonnen, gingen de kinderen meer tijd doorbrengen met de buurtkinderen op de binnenplaats. In het weekeinde gingen ze naar het stadspark of het theater. Zo was op zondag 22 juni Marcella met een ander meisje naar het kindertheater gegaan. Ze zagen een leuk, vrolijk stuk. De stemming was prima … totdat ze uit het theater kwamen. Alles was in één klap veranderd! Op het gezicht van de mensen was verdriet te lezen, schrik stond in hun ogen, alles rondom was in chaotische beroering. Wat was er aan de hand?!

Het was oorlog. Fascistisch Duitsland had de Sovjet-Unie aangevallen. De troepen van de agressor hadden de staatsgrenzen van het land geschonden en rukten snel op in oostelijke richting. Zo vlug mogelijk naar huis, naar mama. Zij was al bezig spullen in te pakken. Zo verscheen in het leven van Marcella het nieuwe woord: e v a c u a t i e.

Papa zei: 'Marcella, je hoeft alleen maar twee schriften mee te nemen – één met ruitjes en één met lijntjes, twee potloden, twee pennen, een gum en een inktpot. Verder heb je niets nodig.'

Misschien wel voor de eerste en de laatste keer in haar leven deed Marcella niet wat haar vader zei. Ze stopte de dierbaarste gezinsfoto's in haar tas, die ze inderhaast uit oude albums had weggegrist.

In die zomerdagen kregen mama's geneeskundestudenten hun diploma's zonder examen te doen en vertrokken zij daarna rechtstreeks naar het front. Later herinnerde mama zich hoe zij haar bij het afscheid bloemen hadden gegeven, die uit perken in de stad geplukt waren.

Zoals later duidelijk werd, hadden beide ouders apart een oproep gekregen om zich bij de NKVD[6] te melden en was hun gevraagd of zij mee wilden in de evacuatie of in Charkov wilden blijven. Beiden hadden

---

6   Het Volkscommissariaat voor Binnenlandse Zaken van de USSR.

zonder iets te hebben afgesproken geantwoord: ja, natuurlijk, evacueren. Het was geen loze vraag. Nederland was immers evenals Duitsland in staat van oorlog met de Sovjet-Unie. Men vroeg hun ook naar het gezin Bolander. Vader had hun gevraagd om met hem mee te gaan in de evacuatie. Maar zij waren er zeker van dat de Duitsers geen gevaar vormden voor Nederlanders. Toen gaf het gezin Visch hun toestemming om de woning te betrekken die het achterliet.

Mama zat erg in over haar ouders, die in het door Duitsland bezette land waren achtergebleven. Ze praatten er onder elkaar niet over, maar dachten onophoudelijk aan hen. In het vaderland wisten veel mensen dat hun dochter met haar man in de Sovjet-Unie woonde. Ze waren bang voor reacties van de autoriteiten. Gelukkig liep het goed af.

Papa moest de evacuatie van de fabriek organiseren. Van de vroege morgen tot de late avond was hij druk bezig in de fabriek. Mama groef antitankgrachten met afdelingen van de burgerwacht. Later werd moeder Nell, voor haar zelfopoffering bij het werk nabij Charkov en in het hospitaal voor kaakchirurgie van Izjevsk tijdens de oorlog, voorgedragen voor de orde "Voor heroïsche arbeid tijdens de Grote Vaderlandse Oorlog 1941 – 1945."

Eindelijk waren de machines op platte wagons geladen en de arbeiders met hun gezinnen in goederenwagons gestapt. Helaas was het onmogelijk om alles mee te nemen. De laatste jaren had vader zich bezig gehouden met de installatie van een nieuwe pneumatische hamer, waardoor de fabriek haar productiecapaciteit aanzienlijk had kunnen vergroten. En nu moest hij zijn eigen geesteskind, waar hij een aanzienlijk deel van zijn leven had gewijd, vernietigen. Wat niet kon worden meegenomen in de evacuatie, maar ook niet mocht worden achtergelaten in handen van de vijand, moest vernietigd worden. In de laatste minuut, toen in de verte al duidelijk explosies te horen waren, kwam hij aan bij de evacuatietrein.

Charkov bleef achter – de stad waar zij gelukkig waren geweest met hun huis, de binnentuin, hun vrienden en dierbare boeken. Marcella's kindertijd bleef achter. Voor altijd is het beeld van de wisselwachter bij het spoorwegstation, met een trillend vlaggetje in haar hand, in mama's geheugen gegrift gebleven. Onmiddellijk na het vertrek van het evacuatietransport werd het station door de Duitsers bezet.

De wekenlange reis naar het oosten was begonnen. De spoorwegen lieten alle treinen die naar het front reden passeren. Die waren belangrijker. Onderweg werd hun trein meer dan eens gebombardeerd. Het ergste bombardement was in hun herinnering dat bij Orlov. Telkens wanneer de bruinbuikige vliegtuigen van de vijand aan kwamen vliegen, klaar om hun dodelijke tonnen metaal af te gooien, bleef de trein stilstaan en renden de passagiers alle kanten op in de hoop hun leven te kunnen redden. Eén fluitsignaal van de locomotief betekende vluchten. Het was verschrikkelijk, heel angstaanjagend. Ze lieten zich op de grond vallen, kropen weg in de verse kraters van neergekomen bommen. Eén keer hadden ze het geluk een uitgegraven hol in de grond te vinden en daarin te schuilen. Als dat er toen niet geweest was hadden ze het waarschijnlijk niet overleefd. In het hol ontdekten ze op de planken kruiken met gekookte melk. Er bovenop lag een dik bruin vel. Hoewel iedereen heel veel honger had durfde niemand aan de melk te komen. Na het bombardement gaf de locomotief drie fluitstoten, dat was het signaal om naar de wagons terug te gaan. De kinderen moesten van te voren hun schoenen uitdoen, die werden met de veters aan elkaar gebonden en over de arm gehangen. Die mochten ze niet kwijt raken.

De arbeiders zaten op platte wagons met de werkbanken en hielden beurtelings de wacht om brandbommen weg te gooien en de kostbare machines tegen het vuur te beschermen. Toen bereikten ze eindelijk Izjevsk, en Koos Janovitsj rustte niet voor hij onderdak had geregeld voor alle arbeiders. Andere mensen kregen altijd prioriteit, de eigen mensen konden wachten. Het gezin Visch werd aanvankelijk ondergebracht in het brandweergebouw op het terrein van de fabriek waar vader zou gaan werken. Allemaal samen sliepen ze op een enkel matras, gevuld met hooi. Enige tijd later verhuisden zij naar de kelder van een oud huis. Maar ook met dit dak boven hun hoofd waren ze blij. Niemand haalde het ook maar in zijn hoofd om te klagen. Iedereen had het even zwaar, iedereen ontbeerde het allernoodzakelijkste.

Toen vader alle arbeiders met hun gezinnen had ondergebracht en de uit Charkov meegevoerde werkbanken en machines had geïnstalleerd in de hallen van de plaatselijke wapenfabriek, brak voor hem een kort moment van rust aan. Marcella kwam naar hem toe met de tas in haar hand en pakte daaruit de oude foto's. Papa nam ze langzaam in zijn hand en keek er lang naar, maar zei er niets over tegen zijn dochter.

DE EVACUATIE

Het leven in de evacuatie verliep grijs en eentonig. Iedereen was onophoudelijk aan het zwoegen. Papa bleef etmalen lang op de fabriek. Hij sliep zelfs op de tafel in zijn werkkamer en kwam maar af en toe voor een paar uur naar huis om zijn slaap in te halen. Van technisch directeur van de fabriek was hij voorman geworden van de productiehal, om de werkbanken te installeren. Dit deed hij bewust, omdat hij zich met zijn machinefabriek bevond op het terrein van de plaatselijke Smeedijzerfabriek, met haar eigen directie en gevestigde regels. Bovendien waren twee fabrieken tegelijkertijd naar Izjevsk geëvacueerd – De Machinefabriek van Charkov en de Machinefabriek van Odessa. De arbeidersploegen hadden tegelijkertijd twee directeuren en twee technische afdelingshoofden. In deze ingewikkelde situatie was het zaak om de productie zo snel mogelijk op gang te krijgen. Dus besloot Koos Janovitsj als eenvoudig technisch vakman in de productiehal te gaan werken, om de werkbanken maar zo snel mogelijk te monteren en de militaire productie – ophangingen voor de T-34 tank – op te starten.

Vader nam broer Volodja dadelijk mee naar de fabriek. "Jij gaat aan de werkbank staan, je bent daar nodig." Ook mama draaide hele etmalen diensten in hospitaal № 1352 voor kaakchirurgie. Vanaf alle fronten werden hierheen gewonden overgebracht met de zwaarste verwondingen aan het hoofd. De meest gecompliceerde operaties werden aan hen verricht. De meesten konden niet zelfstandig eten en praten. Na hun genezing moesten deze gewonden nog enkele plastische operaties ondergaan, waarna ze langdurig revalideerden. Mama was onder meer verantwoordelijk voor de organisatie van culturele activiteiten voor de gewonden. Marcella kwam, als veel andere scholieren, naar het hospitaal om haar zo goed als ze kon te helpen. Ze schreef brieven naar huis voor gewonden die dat door hun letsel zelf niet meer konden. De zwaargewonden las zij voor; hoofdzakelijk kranten en berichten van het front. Het oprukken van de vijand en de overwinningen van het Rode Leger werd door iedereen nauwlettend gevolgd; iedereen was blij met de kleinste wapenfeiten aan het front. De overwinning was absoluut voor iedereen van levensbelang. Daarvoor was ieder bereid alles te geven.

Soms als Marcella naar de gewonden in het paviljoen toekwam sloten zij de deur en haalden uit het nachtkastje een stukje grijs brood.

"Eet het hier op. Anders geef je het nog aan iemand die je onderweg tegenkomt... Je komt de deur niet uit, voor je het opgegeten hebt."

Er was zelfs een soldaat die een heel gedicht had geschreven, dat over Brood-Broodje ging. Het heette: *Wie zorgt er voor het brood*.

> Thuis was het meel op.
> De vrouw geeft manlief op zijn kop:
> Toe, man, zit niet op je gat,
> Toe, man, doe jij ook eens wat!
> Ik ben met de potten in de weer,
> Zet jij dan de zakken neer.
>
> Voor wie is toch dat broodje?
> Wie heeft het zo mooi gebakken?
> Voor mij, voor mij!
> roept ieder kind.
> Niet voor jou, niet voor mij,
> Voor het hele gezin!

Terwijl ze alles wat ze had aan de kinderen gaf, kon mama nauwelijks nog het ene been voor het andere zetten. Zij was zo vermagerd dat haar borst een strijkplank leek. Op zeker moment kon ze niet meer op eigen kracht naar huis komen. En toen nam Marcella, een meisje van twaalf jaar, haar op de rug en droeg haar. Zo jong als ze was, was ze al tamelijk sterk. Elke dag moest ze immers water naar huis dragen, omdat er geen waterleiding was. Gelukkig had ze een oud juk bemachtigd, waarmee je twee emmers van twintig liter tegelijk kon dragen. Dat zou niet iedere tiener hebben gekund. Tot op de dag van vandaag hangt in haar Amsterdamse woning een tekening van een vrouw met een juk, als herinnering aan haar jeugd in oorlogstijd.

Het brood noemden ze liefdevol onze broodjes. Is het nodig om dat uit te leggen? Er was altijd te weinig, je moest er zuinig mee zijn, met ieder klein beetje. Vader zei: "Het belangrijkste in het leven is om niet jaloers te zijn op anderen, om altijd de mensen te helpen. En met anderen te delen wat zij minder hebben dan jij."

Het was 1943. Alle inspanningen van de mensen in de fabriek waren erop gericht geweest om de planning uit te voeren die door de partij was opgesteld en door de militaire noodzaak werd vereist. Welnu, eindelijk was het plan vervuld! Het gezicht van vader, zo sterk vermagerd de laatste tijd, straalde toen hij deze woorden uitsprak. Het was eind mei. Hij kreeg voor het eerst de mogelijkheid wat uit te rusten en een glas koud bier te drinken. De volgende morgen kreeg hij hoge koorts. Zijn uitgeputte lichaam kon geen weerstand meer bieden aan ziekten, en Koos Janovitsj werd geveld door een longontsteking. Tijdens zijn ijlkoorts moest vader apart liggen, op het hooimatras van Marcella, zodat hij mama niet kon besmetten. Hij ademde heel zwaar en was zelden bij bewustzijn. Opeens kwam hij bij uit zijn ijlkoorts en zei: "We hebben vandaag feest – Marcella is jarig. Dochter, pak een kwart litertje wodka uit de kast en ruil dat op de markt voor wat je maar wilt." Vader had in de kast altijd een kwart litertje wodka staan voor het geval dat hij iemand van de productie iets schuldig was. Marcella pakte de wodka en ging naar de markt. Daar vond ze een pas geboren geitje. Het geitje was onmogelijk mager, er zat geen grammetje vlees aan. Maar Marcella was gelukkig – ze had nu een warm makkertje. 's Nachts vleide het zich tegen Marcella aan om warmte te zoeken. Maar alles wees erop dat het de ochtend niet gehaald had. Mama had het stilletjes naar buiten gedragen. 's Morgens zocht vader het de hele tijd en vroeg ernaar. Er werd hem gezegd dat het geitje ergens heen was gebracht waar meer gras was. Die verjaardag is Marcella voor altijd bijgebleven. Sindsdien houdt zij niet van feestdagen en vooral niet van haar verjaardag.

Daarna bleef vader nog lang ijlen, gloeiend van de koorts. De arts die naar hem kwam kijken zei dat hij naar het ziekenhuis moest. Ze zochten naar lakens, maar die waren niet te vinden. Toen namen ze een mooi met bloemen geborduurd Oekraïens tafellaken voor hem om op te liggen. In het ziekenhuis volgde op de longontsteking meningitis. Vader vroeg de hele tijd naar een of ander onderdeeltje en was ongerust dat hij het plan niet zou halen. Tenslotte reikte mama hem een glas aan – het eerste het beste binnen handbereik. "Dank je wel. Dat is wat ik zocht. Nu kunnen we het plan halen." Dit gezegd hebbende stierf hij, op 20 juni 1943.

De hele fabriek kwam op zijn begrafenis. De arbeiders brachten de machines tot stilstand, kwamen uit de werkplaatsen naar buiten en voegden zich bij de rouwprocessie. De open doodskist stond op een vrachtwagen. Koos Janovitsj was in zijn werkkleding gestoken; uit zijn borstzak piepten, zoals altijd, drie scherp geslepen potloden van verschillende dikte. Hij was bedekt met datzelfde mooie Oekraïense tafellaken – het enige in huis wat zich voor de gelegenheid leende. Na het verlaten van het fabrieksterrein bewoog de stoet zich naar de begraafplaats op een heuvel. Onderweg voegden zich gewonden uit het hospitaal voor kaakchirurgie erbij.

Het Oekraïense laken is bewaard gebleven. Samen met de boeken – de verzamelde werken van grote Russische schrijvers en dichters – is dat het enige wat ze voorzichtigheidshalve uit Rusland hebben meegenomen. Vele jaren later, in Nederland, heeft Marcella's echtgenoot Eric er een boodschap op geschreven voor de kleinkinderen. Het tafellaken wordt tot op de dag van vandaag in de familie bewaard. Het is nog steeds een heilig aandenken aan haar vader. Heel verbazingwekkend bereikte het doodsbericht van haar zoon Marcella's grootmoeder in het heetst van de oorlog. Nell had een brief met het droevige bericht aan de Nederlandse ambassade in Moskou geschreven. Op zijn beurt bracht de ambassade het bericht via het Rode Kruis over naar Nederland.

Er was bijna niets meer te eten. Er heerste zoveel honger dat broer Volodja uiteindelijk naar het platteland moest worden gestuurd, waar wat meer voedsel was dan in de stad. Door een samenloop van omstandigheden kreeg hij het doodsbericht van zijn vader niet op tijd. Brieven kwamen meestal niet aan, en deze rouwbrief had dan ook niemand uit de brievenbus gehaald. Daarom had Volodja niet op de begrafenis kunnen komen. Hij hoorde het pas toen hij voor even op bezoek kwam naar Izjevsk. Er was niemand thuis. En hij zat op het bordes en huilde lang en bitter, in het bewustzijn dat hij papa nooit meer zou zien... Deze gekrenktheid heeft hij zijn hele leven met zich meegedragen.

Het rantsoen was niet toereikend. Marcella herinnert zich, hoe zij er na de oorlog van droomde om naar hartenlust in de schil gekookte aardappelen te eten. Om wat bij te verdienen, al was het maar een beetje, haalde mama oude gebreide spullen uit en breide daarvan mutsjes voor de verkoop. Zij vernaaide hun oude jassen en pakken om er kleding van te maken voor de kinderen. Na haar dienst in het hospitaal ging ze naar de fabriek, waar ze een helpende hand bood in de fabriekskeuken. Op een keer was er een ramp gebeurd – in de keuken was de roomboter spoorloos, een heel kilo! De arbeiders kregen ieder slechts 5 gram per dag, maar nu waren ze ook daarvan beroofd.

Er wordt op de deur geklopt. Marcella doet open en ziet op de drempel onbekende mensen, een man en een vrouw.

"Wij zijn van de fabriek. We komen kijken hoe jullie wonen, hoe jullie ingericht zijn."

Ze begonnen meteen alle kastjes en laden te openen en alle planken in het huis te controleren. Heel snel werd duidelijk dat wat ze zochten hier niet te vinden was.

"Hier zouden de ratten nog verrekken," zei de man, en ze gingen onverrichterzake weg.

Toen mama terugkwam en hoorde wat er gebeurd was, sloot ze zich op en huilde langdurig.

"Ben ik soms hierheen gekomen om die boter te stelen?" In haar stem klonk pijn en verbittering door.

Na de dood van vader hoorde Georgi Dimitrov[7] van Nells lot. Hij was het die haar opriep met de kinderen naar Moskou te komen. Daar, in hotel Ljoeks aan de Gorkistraat woonden al emigrantengezinnen uit verschillende Europese landen. In 1944 verhuisden ook zij naar de hoofdstad.

Toen schreef mama het Nederlandse consulaat een brief om toestemming te vragen voor een reis naar haar land, om haar ouders te bezoeken. Marcella had nooit van haar moeder gehoord dat ze na

---

7   Bulgaarse communist, tijdens de oorlog was hij hoofd van de Komintern (Communistische Internationale). Hij bood hulp aan de buitenlandse socialisten die in Rusland werkzaam waren.

de oorlog naar haar vaderland wilde terugkeren. Pas vele jaren later begreep Marcella dat ze daar wel naar had verlangd.

Ze wilde in ieder geval enige informatie ontvangen over hoe het ging met haar familie. Vooral met haar moeder en broer. Alle jaren van de bezetting van Nederland, van 1940 tot 1945, was er uiteraard geen contact mogelijk geweest. Er kwam geen enkel bericht daarvandaan door. In Moskou begon het lange wachten, dat tot 1947 duurde. Toen kregen ze toestemming terug te keren naar Nederland.

In Moskou gaf mama Engels en Nederlands aan de universiteit. Een van haar studenten was kapitein Leonov. Later kwamen de vreemde talen hem heel goed van pas, toen hij in Europa werkte en hielp bij de terugkeer van duizenden gevangenen uit de Duitse concentratiekampen.

Kort voor hun vertrek kreeg het gezin Visch bericht dat Wera Bolander[8] gevonden was, het dochtertje van de Nederlandse kennissen uit Charkov. Toen Koos Janovitsj met zijn gezin geëvacueerd was naar Izjevsk, was zij met haar ouders achtergebleven in hun woning in Charkov. Het arme gehandicapte meisje had met eigen ogen gezien hoe de Duitsers haar mama wegvoerden. Haar enige "schuld" was, dat zij uit een Joods gezin kwam. Wera zelf werd door de Duitsers uit de bezette stad afgevoerd naar het concentratiekamp Auschwitz. Toen het Russische leger het kamp naderde, vluchtten de Duitsers. Maar eerst vernietigden ze alle zwakken en zieken die niet met hen mee konden. Behulpzame mensen – Poolse gevangenen – hielpen Wera, samen met een ander meisje, zich in een rioolput te verstoppen. De ongelukkige kinderen zaten een paar dagen in het duister, hongerig en koud, en durfden hun neus niet naar buiten te steken. Ze wisten niet wat hen zou wachten. Pas toen de kleine Masja het niet langer uithield en hard begon te huilen werden ze ontdekt door de Russische soldaten die het kamp hadden bevrijd. Wera was meteen erg nuttig voor de bevrijders, omdat ze Hollands, Russisch en een beetje Pools sprak, dat ze in het kamp had geleerd. Wera was heel nerveus over haar terugkeer naar Holland, omdat daar niemand was die haar kende en die op haar wachtte. Er was helemaal niemand naar wie ze toe kon gaan. En juist toen ze in de trein was gezet kwam een militair de wagon binnen. Het

---

8   Over Wera is geschreven in het boek "Kinderen van toen", L. van Eck, D. Walda, 1985.

was kapitein Grigori Leonov, die haar het verblijdende nieuws bracht – tante Nell was gevonden! Hij had een telegram van haar gekregen via het MOPR[9]: "Als Wera niet naar Holland wil, kan ze bij ons komen." De kapitein bracht Wera persoonlijk naar Moskou. Zo kwam ze in het gezin Visch. Ze arriveerde met alle "kampgeneugten", waaronder luizen. De kinderen werden op hun houten uitklapbedden helemaal onder de luizen wakker. Mama overgoot de uitklapbedden met kokend water, en je kon zien hoe de luizen alle kanten op vluchtten. Wera had door haar krukken vreselijke zweren opgelopen. Mama behandelde ze dagelijks en geleidelijk aan trokken ze weg. Weldra lukte het om voor haar een prothese te laten maken en kon ze zelfstandig lopen. Nog lang werd Wera om vier uur 's morgens wakker, zoals ze dat in het kamp gewend was. Op die tijd werd daar altijd het dagelijks appèl gehouden.

Er was weinig te eten en er was geen geld. Maar niemand klaagde en iedereen deelde met het arme meisje wat ze hadden. Marcella herinnerde zich goed wat haar vader altijd zei: "Heb waardering voor wat je hebt. Als je wat meer hebt dan je naaste, deel dat dan." Voordat Wera kwam, deelden ze het eten als volgt: drie boterhammen voor Volodja plus drie boterhammen voor Marcella plus twee voor mama. Na de komst van Wera kondigde mama af: "Voortaan doen we het anders: twee voor Volodja, twee voor Marcella en één voor mij. De rest is voor Wera. Zij komt uit het concentratiekamp."

Er is een brief bewaard gebleven van Wera, die zij in april 1945 uit Tsjernovtsy aan het gezin Visch geschreven heeft, toen ze had gehoord dat zij in leven waren en haar vroegen naar hen toe te komen. "Dag, lieve mensen! Ik was heel blij met jullie brieven. Weten jullie, het heeft me zoveel goed gedaan… Ik had bijna alle moed opgegeven, maar nu leef ik weer!"

Op een middag zat Marcella met vriendinnen op een bankje aan het Poesjkinplein. Er kwam iemand voorbij met een grote snor. Opeens stond hij stil tegenover het monument en declameerde de bekende regels van Poesjkin: *Een monument heb ik opgericht, niet gemaakt door handen.* Hij ging heel ouderwets gekleed. Het was duidelijk dat hij uit de provincie kwam. De meisjes maakten zich vrolijk en begonnen te

---

9 MOPR – De Internationale Hulporganisatie voor Strijders van de Revolutie.

lachen. Maar Marcella raadde opeens dat er onder zijn snor een litteken school van een verwonding en bedacht toen dat hij patiënt geweest kon zijn van mama in het hospitaal voor kaakchirurgie. Ze sprong op van de bank en haalde hem in. Al snel herkende zij in hem de auteur van het gedicht over het brood. Toen begon ze regels eruit te declameren. Het bleek dat hij zijn kleine boekje, waar ook dit gedicht in stond, naar een uitgeverij had gestuurd. Toen het boek was uitgegeven, kreeg mama Nell een gesigneerd exemplaar door de auteur toegezonden.

En nu kwam er dan eindelijk toestemming om terug te keren. De koffers konden worden gepakt. Ze namen maar één houten koffer mee, volgepropt met boeken, en twee bescheiden tassen met kleren. De voornaamste rijkdom die zij uit Rusland meenamen waren de boeken van grote Russische schrijvers: selecties uit de werken van Poesjkin, Toergenev, *Oorlog en Vrede* van Tolstoj, van Gorki *Kinderjaren, Onder de mensen,* en *Mijn universiteiten* van Sjolochov, *De dode zielen* van Gogol en de werken van Marcella haar favoriete dichter Nekrasov. In dezelfde kist ging in waterdicht papier gewikkeld ook het geborduurde tafellaken mee, waarop Koos Visch op de draagbaar lag naar het ziekenhuis, en waarop hij was gestorven. Dit laken wordt tot op de dag van vandaag zorgvuldig in het gezin bewaard.

Het is onmogelijk zich Marcella's gevoelens voor te stellen toen zij Moskou achter zich liet. Zij ging weg van haar vriendinnen. Weg van de Russische taal. Weg van de cultuur waarvan ze hield. Van de manier van leven en denken die ze gewoon was. Nachtenlang brak ze zich het hoofd over de vraag: "Wat staat mij daar te wachten, in het vaderland van mijn ouders?" Het enige wat zij zeker wist, was dat daar een oma op haar wachtte. Eindelijk kreeg zij ook een OMA. Ze wist dat in Rusland de oma in ieder gezin de voornaamste plaats inneemt. Met oma waren de kleinkinderen het meest vertrouwd en zij was altijd dichtbij. Zij had tenminste altijd tijd voor hen. Alleen deze gedachte maakte Marcella rustig. Bij oma kon het niet slecht zijn…

HOLLAND

1947

DE VERHUIZING

Toen de toestemming verkregen was, begonnen de gebeurtenissen snel hun beloop te krijgen. De spullen werden gepakt, kaartjes gekocht. Klaar. Vertrekken. Vaarwel Rusland! Gegroet, Holland!

Voor Nell Visch was dit een terugkeer naar haar vaderland. Haar kinderen gingen het onbekende tegemoet, wat onwillekeurig angst inboezemt. Eenmaal in Holland kwamen Volodja en Marcella tot de conclusie dat ze in een sprookjesland terecht waren gekomen. Dit land werd geregeerd door een Koningin en een Prins, en alles wat ze hier zagen, leek een sprookje. Of, eerder nog, alles was zo anders dan wat zij in Rusland gewend waren.

De enige die zij in deze voor hen nieuwe wereld kenden was hun oma, de moeder van mama. Zij was immers tweemaal bij hen in Rusland geweest. En dat ondanks alle moeilijkheden van de reis, ondanks alle gecompliceerdheid van de wereldsituatie en de betrekkingen tussen de landen. Zonder Russisch te kennen, zonder kennis te hebben van de tradities en de cultuur van het volk waarin haar dochters gezin leefde, had zij alles overwonnen om al was het maar voor even bij haar dochter op bezoek te komen en haar kleinkinderen te zien. Daarbij kwam ook nog dat zij in het openbaar geen Nederlands kon spreken. De kleinkinderen kenden ook helemaal geen Nederlands.

In deze zware naoorlogse jaren was de hele wereld, en vooral Europa, nog nauwelijks bekomen van de "bruine pest", en bleef beducht voor de zogenoemde "rode besmetting." Het Sovjetleger had heel Oost-Europa bevrijd en zich verschanst in Oost-Berlijn. De Westerse wereld verzette zich uit alle macht tegen de verbreiding van de communistische ideeën. De gewone burger wist zelfs niet, velen weten nu nog steeds niet, dat het fascisme overwonnen is dankzij de onschatbare inbreng van de Sovjetstrijders, miljoenen in getal, die hun leven hebben gegeven en de Europese volkeren hebben gered. Dankzij de ongelooflijke inspanningen en de heldhaftige arbeid van de hele bevolking van de Sovjet-Unie, die de hele oorlog door met grote zelfopoffering, hongerig en omvallend van vermoeidheid, onophoudelijk aan de werkbanken heeft gezwoegd voor de overwinning. Ook in het huidige Nederland lezen de scholieren in hun studieboeken dat Europa bevrijd is door Amerika en Canada. Rusland wordt zelfs niet genoemd bij de landen die aan de oorlog deelnamen. De landingstroepen van de andere kant van de oceaan hadden aan het einde van de oorlog voet aan wal gezet in Noord-Europa en waren door de inwoners van België, Frankrijk en Nederland geestdriftig verwelkomd. En hoe kun je dan de "rode besmetting" een overwinnaar noemen? Hoe kun je dan de verbreiding van de communistische ideeën over het Westen toelaten? De regeringsleiders en de grote industriebonzen waren in alle ernst verontrust dat deze ideeën zich verder zouden verspreiden over het Westen. Nauwelijks waren de salvo's van de laatste saluutschoten van de overwinning op fascistisch Duitsland verstomd, of men begon in allerijl solide barrières op te richten tussen Oost en West. Zowel informatief als economisch en cultureel.

HET GEZIN

Naar zo'n land dus, in een sfeer van volslagen wantrouwen tegenover het zegevierende Rusland en van de beginnende koude oorlog, kwamen Nell en de kinderen terug. Eerst arriveerden ze per boot vanuit Leningrad in Londen. Een paar dagen nadien staken ze al over naar Nederland. In de haven van Hoek van Holland werden ze afgehaald door oma, mama's broer en de vader van Wera.

Het bleek dat Wera's vader, voordat hij kennis had gemaakt met haar moeder, al getrouwd was met een andere vrouw en met haar twee dochters had. Toen hij na de oorlog naar Nederland terugkeerde, nam deze vrouw hem in haar huis op. Het was iemand met een heel goed hart, die ook bereid was Wera op te nemen. De vader vroeg zijn dochter bij hem te komen wonen. Maar Wera kon zich vanwege haar mama niet over haar grote wrok tegen hem heen zetten, en besloot zelfstandig te gaan wonen. Al spoedig vond ze een onderkomen in Amsterdam. Haar kennis van het Nederlands maakte dat ze snel werk vond.

Volodja en Marcella moesten ook Nederlands leren. Vanaf hun geboorte hadden ze immers alleen maar Russisch gesproken. Hun ouders vonden dat zij zich niet mochten onderscheiden van de andere kinderen, en zoals iedereen Russisch moesten spreken. Thuis spraken ze ook alleen Russisch. En tijdens de oorlog haalde je het niet in je hoofd om ook maar iets in het Nederlands te zeggen. Die taal leek toch wel erg veel op het Duits. Er konden meteen vragen en wantrouwen rijzen bij de mensen… En wantrouwen was er. Ook in Holland. Nell zelf werd zo niet voor een spionne, dan toch beslist voor een vreemd en verdacht persoon gehouden. Niet alleen vreemden wendden zich van haar af, zelfs in haar eigen familie was er niemand die hen een helpende hand bood en ze de eerste tijd steunde.

Aanvankelijk huisden zij allemaal bij elkaar bij oma, de moeder van mama, in haar kleine woning. Maar dat duurde niet lang. Geen enkele verwachting die Marcella van Nederland had kwam uit. Ze was in een volkomen andere wereld terecht gekomen. Ze hadden niets om van te leven en ze moesten weer bij nul beginnen. Alleen bij een neef van Nell, die Gerard heette, konden ze terecht. Daar konden ze hun intrek nemen en moeizaam hun weg in Holland vinden. Het bezoek van een buurvrouw van deze oom getuigt ervan dat die weg niet eenvoudig was. Op een gegeven moment kwam zij onder een vreemd voorwendsel langs en deelde verheugd mee dat een bepaalde instantie bij haar voor een lange termijn een kamer gehuurd had. Daar zou niets ongewoons in hebben gestoken, ware het niet dat die kamer met een wand grensde aan de kamer waar Nell en de kinderen hun intrek hadden genomen.

De andere familieleden zagen ze helemaal niet. Ze werden zelfs niet op familiefeesten uitgenodigd. Enerzijds om geen verdenking op zich te laden en geen onaangenaamheden naar zich toe te halen, anderzijds verschilden hun levensopvattingen teveel van elkaar. Oma was haar hele leven diepgelovig protestant. Zij had zelfs haar eigen plaats in de kerk, met een naambordje. Ook mama's broer en zijn gezin waren religieuze mensen. Marcella was opgegroeid in een atheïstisch gezin en in een land waar religie los stond van de staat.

Marcella zegt droevig: "In Holland had ik meer verdriet dan in Rusland. Zelfs van mijn eigen oma…." Met oma was er in het begin helemaal geen contact. Natuurlijk stond de taalbarrière dat in de weg. In Rusland had het gezin alleen maar Russisch gesproken. En oma sprak geen Russisch. Oma begreep haar kleinkinderen niet, de kleinkinderen begrepen oma niet. Dat was een serieuze belemmering in hun omgang. Maar er was ook een andere oorzaak. De kinderen waren opgevoed in een ander land, in een ander milieu, met andere principes en rolmodellen. De verschillen waren enorm, hoezeer de kinderen ook hun best deden. Op een keer zat Marcella op haar zolderkamertje te studeren voor haar toelating tot de faculteit van Slavische Taal- en Letterkunde. Er werd op de deur geklopt. Oma vroeg: "Marcella! Wil je even naar de winkel gaan om brood te halen?" "Ja, straks", was het antwoord. De stem van oma klonk ontevreden: "Straks, zegt mijn oudste kleindochter…"

Ze praatte bijna helemaal niet met oma. Een geschiedenis met twee appels schiet haar te binnen. Iedere week bracht de plaatselijke groenteboer met paard en wagen groenten en fruit. Toen zij de berg appelen zag, vroeg Marcella om een. Oma gaf Marcella een appel. In een mum van tijd was hij op. Voor het jonge meisje in de groei was dat te weinig. Ze vroeg om nog een. Oma antwoordde kortaf: "Je hebt al een appel gehad. Je moet je plaats kennen." Dat laat je toch nadenken over je plaats. Zij kende haar plaats op school, haar plaats in het theater, en tenslotte in de rij in de winkel. Ze werd heel verdrietig. Om zoiets van je eigen oma te horen was op zijn minst onverwacht.

Toen, na de geschiedenis met de appel, dacht ze dat iedereen in Holland gierig was. En ze wilde heel graag terug naar Rusland. Pas enige tijd later, toen ze al werkte en omging met Nederlanders, begreep Marcella dat het hier gebruikelijk was om zuinig aan te doen in de huishouding, dat dit bij velen noodgedwongen was. Hoe rijk een Hollander ook is, hij zal zich altijd bukken om een cent op te rapen. In het gezin werkte gewoonlijk alleen het gezinshoofd. De vrouwen, die een goede opleiding hadden gehad, gaven hun kinderen een uitstekende opvoeding. Zij namen de kinderen mee naar tentoonstellingen, concerten en theaters. In Nederland waren geen arme boeren meer. Gaandeweg waren geautomatiseerde boerenbedrijven de norm geworden in het land. Ook de kinderen van de boeren konden een hogere opleiding krijgen en als studenten voor uitwisselingen naar het buitenland reizen.

Toen was het dat Marcella besloot om, zoals zij dat zegt, haar tweede leven te beginnen. Ze begon met lessen Nederlands. Leefde op een minimaal budget en huurde een kamer bij vreemden. Tot haar geluk was er nog een oude vriend van haar vader, die hem al kende voordat hij met mama trouwde. Zijn kinderen waren al lang volwassen en stonden op eigen benen. Hij was heel verdrietig over de dood van Koos en besloot diens dochter te steunen. Hij nam de huur van haar kamer op zich en bracht haar een bed, een matras, een kussen en beddengoed. Maar op een keer, toen zij op een regenachtige avond de hond van haar hospita uitliet, kwam Marcella de broer van haar vader tegen. "Wat doe jij hier?!" vroeg hij. Natuurlijk wilde hij zeggen: in zulk weer, zo laat, alleen... Twee dagen later bracht hij haar over naar zijn huis. Wat een geluk was dat! Tante was een eenvoudige, bezige vrouw. Marcella kreeg in dit gezin veel warmte. Tante kon volstrekt niet met geld omgaan. De eerste week na de uitbetaling van het loon kreeg iedereen gebak, ijs en biefstuk. Maar aan het einde van de maand moesten ze het doen met brood belegd met margarine en een stukje appel. Verder was alles op.

De contacten met de familie waren schaars. Desondanks werd de verhouding met oma gaandeweg beter. Hoe beter Marcella zich het Nederlands en de plaatselijke gebruiken eigen maakte, des te sneller groeide het begrip over en weer. De colleges aan de universiteit begonnen. Ze moest zo snel mogelijk niet alleen de taal leren, maar ook de tradities, de feestdagen en de cultuur van het land leren kennen. Als ze de straat opging leek het Marcella of ze in een museum terecht was gekomen. Tot aan de voordeuren groeiden bloemen. Voor de ramen hingen geen gordijnen. Die zijn er tot op de dag van vandaag niet, of weinig. Misschien heeft dat nog steeds te maken met het verbod op gordijnen tijdens de Spaanse bezetting.

Iets anders wat Marcella iets later, in de jaren vijftig, bijzonder heeft getroffen, is de rol van de vrouw in de maatschappij. Zolang ze niet getrouwd waren, studeerden of werkten de Hollandse vrouwen. Zodra ze trouwden werden ze volgens hun arbeidscontract ontslagen. Verder kwam hun rol neer op de huishouding en het opvoeden van de kinderen. Daarom waren er in het land geen crèches en was er geen kleuteropvang. Dat was in scherp contrast met Marcella's Russische ervaring. Haar ouders werkten beiden even hard, en Marcella en haar broer gingen naar de kinderopvang en konden op school overblijven. In Holland echter moesten alleen de mannen werken om het gezin te onderhouden, soms wel tien uur per dag en ook op zaterdag. Het gebeurde geregeld dat vrouwen, soms zonder dat hun man of familie dat wist, ergens als hulp in de huishouding gingen werken. Waarmee ze een steentje bijdroegen aan het gezinsbudget.

Marcela was op haar faculteit de enige vrouwelijke student. Bijna alle jaargenoten van Marcella op de universiteit waren kinderen uit gegoede milieus. Studietoelagen waren er helemaal niet. Wilde je studeren, het collegegeld betalen, dan moest je lenen bij de bank. Volgens contract moest Marcella na beëindiging van haar studie, toen ze was gaan werken, in tien jaar tijd haar schuld en de rente daarop aan de bank terugbetalen. Het was iedere maand een aanmerkelijk bedrag, dat meteen werd afgetrokken van haar eerste loon. Opnieuw werd ze erg geholpen door een oude vriend van haar vader, Sebald Rutgers. Hij betaalde een deel van haar universitaire opleiding. "Dat ben ik Koos verschuldigd", zei hij. De gemeente betaalde daarboven een miniem bedrag, maar ook dat moest later volledig worden terugbetaald. Dit geld werd vervolgens jarenlang automatisch afgeschreven van Marcella's rekening. Op een gegeven moment trad er een administratieve storing op en stopte de afschrijving. Na achttien jaar kwam dit aan het licht! En opnieuw trad de bureaucratische machine in werking. Marcella's man schreef toen een verontwaardigde brief aan de gemeente: "Zelfs in de gevangenis kom je vervroegd vrij, maar bij jullie niet!"

Ondertussen studeerde Marcella Kerkslavisch bij professor Bekker. Naar zij zich herinnert was hij afkomstig uit de Baltische Staten. Om naar zijn college te komen moest je door een lange galerij langs boekenstalletjes met zeldzame folianten en oude etsen, en dan naar links via een binnentuin naar het universiteitsgebouw. Zij studeerde bij de vakgroep Slavische Talen, haar scriptie ging over het beeld van de vrouw in de werken van haar geliefde Nekrasov: *In Ruslands dorpen kom je vrouwen tegen*. Het thema was niet toevallig gekozen. Zij had altijd van literatuur van eenvoudige mensen en over eenvoudige mensen gehouden. Op een zondag had de professor Marcella bij zich thuis uitgenodigd, waar zij van de vrouw van de professor thee kreeg uit een samowar, met gevulde broodjes. Na het theedrinken riep de professor haar bij zich in zijn werkkamer, liet haar plaatsnemen op een divan en vroeg: "Lees alstublieft eens wat voor uit *Het paspoort* van Majakovski[10]! Toen ze klaar was zag ze vanachter de dikbeglaasde professorsbril een traan naar beneden rollen.

Gelukkig waren ook de banden met de oude vrienden van haar vader gebleven. De familie Mol woonde nog steeds in Haarlem, niet ver van Nell. De vader, Gerard Mol, was ooit zeer bevriend geweest met Koos. Zij deelden hun sympathieën voor de socialistische idealen. De familie haalde Nell, die meer dan twintig jaar in de Sovjet-Unie had gewoond en haar bijdrage had geleverd aan de opbouw van een ideale maatschappij, met warmte binnen. Nell en haar kinderen, die zomaar opeens groot waren geworden, kwamen vaak bij hen over de vloer. En daar zag Eric, de zoon van de heer des huizes, Marcella – een slank

---

10   Gedichten over het Sovjetpaspoort, V.V. Majakovski, 1929.

en rijzig meisje, afkomstig uit dat verre en raadselachtige land. Haar openheid, eerlijkheid en compromisloosheid in alles spraken Eric aan. Daarbij onderscheidde zij zich door haar onbegrensde energie en haar aandacht voor de problemen van alle mensen om haar heen. Zij stond altijd klaar om iedereen die haar nodig had te helpen. Eric en Marcella raakten bevriend. En een paar jaar later konden de jonge mensen al niet meer buiten elkaar.

De bruiloft vond plaats op 16 juli 1951. Er waren niet veel gasten. Haar oma was de eerste die haar zegen gaf aan deze verbintenis. Het jonge paar ging inwonen bij Sjoera, een geweldige vrouw die door de Duitsers ooit vanuit Oekraïne naar Duitsland was gesleept om er te werken, en na de oorlog niet naar de Sovjet-Unie was teruggekeerd. Zij was getrouwd met Bertus, die ook weggevoerd was naar Duitsland, waar zij elkaar dan ook hadden leren kennen. Praktisch alle meisjes die voor de bruiloft waren uitgenodigd, waren voormalige gevangenen uit de Duitse kampen of waren door de Duitsers uit hun Russische, Wit-Russische of Oekraïense dorp weggevoerd. Op de bruiloft kwamen zij in nationale Russische kledij, die ze speciaal voor deze gelegenheid hadden geborduurd. Zoiets was destijds nergens in Nederland te vinden. De gasten zongen vrolijke Russische en Oekraïense liederen en iedereen, de jonge bruid incluis, deed naar hartenlust mee met het volksdansen. Later richtten de jongelui zelfs hun eigen dansensemble op. Zij noemden het De Rode Ster, alle anti-Sovjetpropaganda ten spijt.

Het was 1951, ten tijde van de Koude Oorlog. Het was onmogelijk werk te vinden als je zelf, of mensen met wie je omging, contact had met de Sovjet-Unie of met Russisch sprekenden. De mensen waren zelfs bang om met hun eigen familieleden om te gaan als die zulke banden hadden. In het land werd er met argusogen gelet op wie bij wie langskwam, wie aan wie schreef. Brieven uit Rusland kwamen zelden aan. Als ze al aankwamen, kwamen er meteen een paar tegelijk, en met een censuurstempel.

In deze situatie nam het gezinsleven van Marcella een aanvang. De eerste tijd werkte zij bij boekhandel Pegasus, in het centrum van Amsterdam, waar hoofdzakelijk Russische boeken of boeken over Rusland werden verkocht. Daar voelde ze zich als een vis in het water. In 1952, op het hoogtepunt van de Koude Oorlog, werd het eerste kind,

Vasili, geboren. Vier jaar later kwam ook de tweede zoon, André, ter wereld. Maar er moest worden doorgewerkt om de kost te verdienen. Marcella besloot werk te gaan zoeken dat aansloot op haar kennis. Zij was ervan overtuigd dat ze niets te vrezen had vanwege de jaren die ze in de Sovjet-Unie had doorgebracht. Dat land was haar eerste vaderland, en Holland haar tweede.

Van beide landen had Marcella veel geleerd. Van Rusland had zij geleerd van zijn muziek en literatuur te houden, van zijn uitgestrekte natuur en van het eenvoudige volk. Zij voelde zich altijd thuis tussen de Russen. Een toerist uit Rusland zei eens: "Amsterdam is een prachtige stad, maar de gids is misschien nog mooier. Je bent ons dierbaar, Marcella, omdat je in ons Rusland bent opgegroeid!" De woorden van de beroemde Russische dichter Nekrasov, wanneer hij het heeft over de Russische kinderen, over de vrouwen, over hun zware lot in het oude Rusland, kent ze nog steeds uit het hoofd. *In elk gewaad is zij nog mooier haast*[11]... Het is moeilijk weer te geven wat zij voelt wanneer zij aan deze verzen denkt.

Haar broer Volodja kon volstrekt niet aarden in het vaderland van zijn ouders. Hij verhuisde voorgoed naar Duitsland. Tot aan zijn pensionering heeft hij op de Zolingerfabriek gewerkt. De laatste tien jaar van zijn leven was de relatie tussen broer en zus bijzonder warm. Voor de verjaardag van zijn zuster of voor een familiefeest kwam hij steevast uit Duitsland met zijn eigen vaatje Duits bier. Als Marcella van plan was naar hem toe te komen in Keulen was hij blij als een kind. "Kom toch! Dan kunnen we gezellig samenzijn en een wodka drinken!" Als de trein

---

11   Citaat uit Nikolaj Nekrasov: "Koning winter, Rode neus". Hieronder drie strofes in vertaling van Teeuwis Smit.
>
> In Ruslands dorpen kom je vrouwen tegen,
> Vol rust en waardigheid is hun gelaat,
> Vol kracht en schoonheid hun bewegen,
> Hun gang, hun blik is koninklijk van aard -
>> Een schoonheid, over wie de wereld zich verbaast,
>> De wangen blozend, slank en struis,
>> Is zij in elk gewaad nog mooier haast,
>> In ieder werk voelt zij zich thuis.
>
> De ruiter kan haar bij het spel niet aan,
> Een ramp schrikt haar niet af – want zij weet raad:
> Een paard op hol brengt zij tot staan,
> Een hut in brand, waar zij naar binnen gaat!

stilhield op het perron van het Centraal Station van Keulen en zij tijdens het uitstappen probeerde haar broer te ontwaren in de drukte van het station, hoorde ze hoe hij luid het motiefje floot van *Wijd is mijn land*..., terwijl hij zich door de menigte heen naar haar toe werkte. Deze laatste jaren waren vervuld van hun bijzondere vriendschap en warmte voor elkaar. Haar broer overleed in 2006. En hoe langer geleden het is, des te pijnlijker doet zijn afwezigheid zich voelen.

In Nederland kwamen in de naoorlogse jaren veel Russische of Russisch sprekende vrouwen aan. Zij waren tijdens de Tweede Wereldoorlog door de Duitsers losgerukt van hun eigen grond en weggevoerd om in Duitsland zware arbeid, feitelijk slavenarbeid te verrichten. Samen met hen werkten daar jonge Nederlanders, die ook door de Duitsers waren weggevoerd om te werken. Na de oorlog besloten veel vrouwen niet naar de Sovjet-Unie terug te keren. Er gingen geruchten over de stalinistische repressie tegen degenen die na de oorlog terugkeerden uit Europa. Er werd gezegd dat iedereen die tijdens de oorlog in Duitsland in een krijgsgevangenenkamp had gezeten, of tewerk was gesteld in Duitse fabrieken, als landverraders naar Sovjetkampen werd gestuurd. Veel vrouwen verhuisden naar Holland, trouwden met Hollanders en kregen een gezin. Allemaal droomden zij ervan naar Rusland te gaan, hun familieleden te zien, ook maar iets te horen over hun lot. De eerste naoorlogse jaren was er geen familiecontact, bijna niemand wist of zijn familie nog leefde.

Marcella onderhield contacten met deze vrouwen. Ze organiseerde Russische clubs, waar niet alleen werd gezongen en gedanst, maar waar men elkaar ook met veel dingen hielp. De eerste brieven van hun familieleden lazen ze elkaar voor. Zo hoorden ze wie van de familie, vrienden en bekenden de oorlog had overleefd. Door deze brieven werd duidelijk hoeveel leed Rusland was aangedaan in de laatste oorlog, en hoeveel offers het land had gebracht omwille van de overwinning. Wat zouden deze vrouwen er toen niet voor over hebben om weer thuis te zijn, te midden van hun familie... Maar meestal werkten alleen de mannen. Het gezinsinkomen was bescheiden. Daarom pakten de vrouwen alle mogelijke werkzaamheden aan om geld bij elkaar te krijgen, om naar huis te reizen en hun familie te zien. Als het ooit lukte om de familie in de Sovjet-Unie te bezoeken, kwamen zij ontdaan terug. Hun eigen familieleden begroetten hen koeltjes en konden het hen niet vergeven dat zij na de oorlog niet naar huis waren teruggekeerd, ze hadden zó op hen gewacht al die jaren...

Er was maar één vrouw, Katja, die de scheiding van haar familie niet verder kon verdragen en besloot terug te keren. Allemaal samen deden ze haar uitgeleide. De boot vertrok vanuit Rotterdam. Haar Nederlandse man was ook bij het afscheid en had als cadeau een fiets meegenomen met twee reservebanden. Later betuigde Katja in haar brieven veel spijt van haar besluit.

Heel jong, door een speling van het lot, waren deze vrouwen terecht gekomen in West-Europa. Ze begonnen een nieuw leven in een vreemd land, zonder de taal te kennen, zonder familieleden en bekenden. Maar zij werden vaak geholpen door de familie van hun mannen. Hun schoonmoeders leerden hen te koken, kleren voor de kinderen te naaien en de huishouding te doen. Tot op de dag van vandaag gaat Marcella naar bejaardenhuizen om de enkele Russische vrouwen die nog in leven zijn te bezoeken. Zij neemt voor hen echte Russische lekkernijen mee – auberginechutney en eigengemaakte huzarensalade. Er is verder niemand meer om dat te maken. Zij zijn alleen overgebleven.

In 1957 zou er in Moskou een Jeugdfestival plaatsvinden. Marcella was tien jaar niet in de Sovjet-Unie geweest en wilde er heel graag naar toe. Maar ze had al een gezin – een man en twee prachtige zoontjes. Eric had eindelijk de mogelijkheid gekregen om te studeren, wat hij eerder niet kon vanwege de oorlog. Tijdens de Bezetting, vijf jaar lang, hadden de Duitsers jonge mensen op straat opgepakt als zij daar tijdens spertijd werden aangetroffen. Daarom lieten de jongeren zich daar liever niet zien, als het niet moest. En nu ging Eric iedere dag na zijn werk naar de avondschool. Het was moeilijk om het gezin alleen te laten, en er was ook nog geen geld voor de reis. Maar de vrienden van Marcella en de familie van haar man bereidden haar in het geheim een verrassing. Zij hielden een inzameling en brachten zo het bedrag bijeen. Zo lukte het haar met de Nederlandse delegatie van ongeveer driehonderd man naar het festival in Moskou te gaan. Aan de reguliere trein werd een speciale wagon vastgekoppeld, en toen gingen ze op weg. Toen zij halt hielden op het Centraal Station van Warschau, onthaalden de plaatselijke bewoners de naar het festival reizende jongeren op brood met dikke plakken jachtworst, die gelardeerd was met knoflook. Iemand had gehoord dat Marcella erg van deze worst hield, en vanuit de hele wagon bleven ze haar eindeloos broodjes doorgeven.

De tijd in Moskou vloog voorbij. Toen het festival was afgelopen namen alle deelnemers huilend afscheid van elkaar. Tijdens het festival had de delegatie heel goed te eten gekregen, en de jongelui besloten de koks en al het betrokken personeel gezamenlijk te bedanken. In de grote ruimte, waar iedereen verzameld was, trad de delegatie op met liederen, dansen en surprises. Marcella werd verzocht in het Russisch een dankwoord uit te spreken aan het adres van de medewerkers. De directeur van het restaurant op zijn beurt was heel lovend over de Nederlandse delegatie. Het bleek dat het hele personeel het prachtig had gevonden om ze te bedienen. Over en weer werden veel warme, vriendschappelijke woorden gesproken. Er werd gezongen en het applaus hield maar aan. Vóór het vertrek zei de directeur tegen Marcella: "Ik ben moe, u waarschijnlijk ook. Wanneer gaat u naar huis?"

Marcella antwoordde: "Morgen, samen met de Hollanders."

"Waarom?"

"Ik heb daar een gezin – een man en twee zonen. Ik woon daar. Ik heb Hollandse ouders."

Op dat moment kwam haar man Eric eraan en zei: "Kom op, we gaan!"

De directeur van het restaurant kon er maar niet over uit.

"Wat erg! Heb ik u beledigd? Neemt u mij niet kwalijk!"

"Maar waarom dan?"

"U bent toch één van ons!"

"Hoe kun je dat nu als een belediging voelen? Dank u wel voor het festival, dank u wel voor dit cadeau!"

Zo stelde Marcella hem gerust.

Het Moskouse jeugdfestival is haar altijd bijgebleven.

Enkele jaren gingen voorbij. De zonen zaten op de middelbare school. Vasili in de eindexamenklas. Op school noemde iedereen hem Bas. De examenkandidaten bereidden zich voor op het afscheidsconcert. Op een avond ging thuis bij de familie Mol de bel. Op de stoep stonden drie lieftallige meisjes uit de examenklas.

"Dag mevrouw! Bent u de moeder van Bas?"

"Ja. Wat is er aan de hand?"

"Wij komen u om hulp vragen. Uw zoon zit in onze klas. We zijn bezig de afscheidsvoorstelling voor te bereiden. Van de rector van onze school hebben we gehoord dat u Russisch spreekt. En de Russen hebben van die vrolijke dansen. Kunt u ons die leren?"

Dit verzoek kwam volkomen onverwacht. Marcella was heel verbaasd en nodigde de jongelui uit om binnen te komen. Ze zette een plaat op met Russische muziek en stelde hun voor zelf een keuze te maken. Het uitdagende "De maan schijnt" viel het meest in de smaak. Het meubilair werd aan de kant geschoven. Marcella deed de eenvoudige danspassen voor en zei dat ze goed naar de muziek moesten luisteren.

Al gauw kwam Eric thuis van het werk. Hij was doornat, omdat het buiten hard regende en hij altijd op zijn fiets naar zijn werk ging. Hij zei: "Bij onze opgang staat een jonge knaap. Ik denk een klasgenoot van Bas. Het joch is tot op de naad doorweekt."

Marcella ging naar beneden om te kijken. Zij herkende hem meteen. Het was de slechtste leerling van de klas. Hij spijbelde vaak, was een vechtjas en alle kinderen waren bang voor hem. Op één van de oudervergaderingen op school was gezegd dat hij uit een probleemgezin kwam.

"Kom binnen! Wij wonen op één hoog. Doe je jack uit. Je bent doornat."

Zoals later bleek was hij gekomen voor zijn vriendinnetje, het mooiste meisje van de klas, dat bij Marcella les kreeg in Russisch dansen.

"Ik ga niet dansen!" zei hij dadelijk, en hij posteerde zich in de gang.

"Blijf hier dan maar zitten! Hier heb je een flesje limonade. Vermaak je."

Hij ging zwijgend zitten. De deur naar de kamer waar ze bezig waren de dansen te leren stond open. De knul keek nieuwsgierig naar wat er gebeurde. Er waren drie meisjes. Voor een volwaardige dans was minstens één jongen nodig. Marcella moest de pet van een man opzetten en als partner optreden van een van de meisjes. Er gingen twee weken voorbij. Ze repeteerden 's avonds, als Marcella terug was van haar werk. Iedere keer was deze knul erbij en elke keer zei hij: "Ik ga niet dansen!"

"Jammer, maar we redden ons wel…"

Eindelijk brak de grote dag aan. Op de afscheidsavond kon Marcella niet vroeger komen. De zaal was afgeladen. De "Russische meisjes", zoals ze op school waren omgedoopt, moesten na de pauze optreden. Toen ze door de gang liep kwam ze haar vaste gast tegen. Hij zei dat de meisjes zich in de kamer van de rector aan het verkleden waren. Daar heerste opwinding. De meisjes waren heel druk. Marcella zag hun kostuums, die zij zelf hadden bedacht en bij elkaar hadden gezocht – een sober rokje, een witte blouse en een kleurige doek over de schouders, die ze van hun moeder hadden geleend. Ze hadden dit ergens van een plaatje afgekeken. De doek was bij de meisjes heel vlot op de borst in een knoop gelegd.

Marcella ging naar de zaal. Toen ze binnenkwam, waren alle plaatsen al bezet. Eén van de leraren stond haar zijn plaats af op de eerste rij. En toen gebeurde er iets onverwachts! De danseresjes kwamen het toneel op, en met hen diezelfde klasgenoot die categorisch geweigerd had te dansen. Hij was gekleed in een loshangend wit hemd, met een riem om zijn middel. Hij danste niet slechter dan de anderen. Op een bepaald moment kwam er een glimlach op zijn lippen. Voor hem werd het langste geapplaudisseerd. Marcella was in de zevende hemel. Ze voelde zich zelfs ongemakkelijk. Sommige leraren keken haar kant op. De volgende dag kwamen de meisjes, en ook hun danspartner, weer naar Marcella toe.

"Heel erg bedankt. Alles is goed gegaan. Deze bloemen zijn voor u!"

Ze overhandigden een bosje bloemen en een klein metalen doosje. Dit doosje wordt nog steeds bewaard bij de andere souvenirs en herinneringen uit alle tijden.

Na de voorstelling hebben ze deze bijzondere jongen niet meer gezien. Later hoorden ze van de rector van de school dat de raadselachtige held van deze geschiedenis aan de zeevaartschool studeerde. Hij zal ongetwijfeld een goed zeeman zijn geworden. Hij is nergens bang voor in het leven. En je zou hem oprecht het allerbeste toewensen. Maar de rector vroeg zich af hoe dat had kunnen gebeuren, zo'n metamorfose. Toen keken Marcella en hij elkaar aan en zeiden tegelijk: "De kracht van de eerste liefde!" De jongeman was immers verliefd op één van de meisjes, die op de afscheidsvoorstelling de Russische dansen hadden uitgevoerd.

DE NIEUWE TIJD

In de jaren zestig ging Nederland nieuwe contacten aan met de Sovjet-Unie. In Amsterdam werd de Vriendschapsvereniging USSR - Nederland opgericht. Hieraan verbonden werd een reisbureau opgezet. Marcella ging daar werken. Tussen beide landen kwam een uitwisseling tot stand van wetenschappers. Sovjetdelegaties begonnen naar internationale congressen te komen. Voor Marcella was het een groot geluk om te zien dat mensen uit de twee landen die haar na aan het hart lagen eindelijk naar elkaar toe konden reizen, en dat hun interesses in principe heel dicht bij elkaar lagen. De groepsreizen uit Nederland naar de USSR en groepen Sovjettoeristen die naar Nederland kwamen moest zij vaak begeleiden. Steeds trachtte zij een brug te zijn, en dat was ze ook echt, tussen de twee landen, volkeren en culturen. Tijdens de reizen was Marcella de reizigers die aan haar werden toevertrouwd behulpzaam zoveel als ze kon, onvermoeibaar. Zij moest de Nederlandse restaurants op de hoogte brengen van de Russische gewoonten en tradities. Meestal moesten de medewerkers van de restaurants er meermaals aan worden herinnerd dat ze niet moesten vergeten gewoon water op tafel te zetten, en zoveel mogelijk brood. Voor Russen is een maaltijd zonder brood immers gelijk aan helemaal geen maaltijd.

Als ze Nederlandse toeristen op hun reis naar de Sovjet-Unie begeleidde bleef haar man Eric thuis achter met de twee kleine zoontjes. Alles alleen klaarspelen was niet makkelijk. Maar het heeft Marcella in haar leven nooit ontbroken aan behulpzame mensen. In de buurt woonde een dame in heel goeden doen, die kort tevoren weduwe was geworden. Er moet bij worden gezegd dat zij zich in haar leven weinig gelegen had laten liggen aan de huishouding. Zij had altijd een kokkin en een schoonmaakster gehad. Maar ze voelde zich geroepen om

Marcella's gezin te helpen, als zij op reis was. Deze buurvrouw kwam geregeld koken en lapte zelfs soms de ramen.

Er kwamen steeds vaker cruiseschepen met Sovjettoeristen naar de Nederlandse havens. Marcella probeerde altijd voor hun eerste maaltijd haring met uitjes te bestellen, bij wijze van een eerste kennismaking met Holland. Deze introductie riep tijdens de verdere reis per bus door het land dikwijls veel herinneringen en hilariteit en op! Het was onvergetelijk. De toeristen vergaten het dan ook niet. Vaak lieten zij versjes achter over het land dat zij dankzij hun zorgzame gids hadden leren kennen. Door haar verhalen ontdekten zij een volkomen andere wereld – een volk dat hun onbekend was, met zijn eigen cultuur en tradities. En ze zongen:

> Hier in het land van de kaas,
> Valt soms teveel regen,
> Slechts een ding helpt daartegen
> Cognac!
>
> Maar die heerlijke Hollandse haring
> Bij onze Russische Wodka
> Dat brengt ons meteen in de stemming:
> Hoera!

Of ze grapten: "Niks mis met de Hollandse haring, maar de Russische wodka is beter."

Voor Marcella was het afmeren van het eerste cruiseschip in de Amsterdamse haven een waar feest. Daarna begonnen cruiseboten steeds vaker naar Amsterdam te komen. Ze was op dat moment de enige in de stad die de taal en cultuur van de toeristen uit de verschillende Sovjetrepublieken goed kende. De begeleiding van deze groepen werd volledig aan haar toevertrouwd. Haar werkdag begon om half zes in de morgen, als er aan de deur werd gebeld door een groep douane- en grensambtenaren. Met hen reed zij naar de haven van IJmuiden. Daar lag het schip in de sluis, gereed om naar Amsterdam door te varen. In de ochtendschemering klommen ze langs de touwladder, die in de harde wind heen en weer zwaaide, omhoog naar het dek. Terwijl het schip in de sluis lag, controleerden de grensbeambten de paspoorten en de douaniers bekeken de bagage. Marcella besprak ondertussen het excursieprogramma en andere organisatorische kwesties met de cruisedirectie. Als het zakelijke gedeelte afgehandeld was, werd zij uitgenodigd voor het ontbijt.

Op de tafels, bedekt met verblindend witte tafellakens, stonden mandjes met donker brood. Alle jaren na haar vertrek uit Rusland had zij heimwee gehad naar deze geurige broden van roggemeel, die in Nederland niet te koop waren. Misschien ook wèl, maar dan naar een ander recept gebakken en niet zo geurig... Er kwam een serveerster aan: "Wilt u een spiegelei?" "Brengt u me alstublieft nog een mandje met brood en boter. En wat er overblijft neem ik mee. Voor Katja, de oppas van mijn kinderen. Zij komt uit Oekraïne. Maar na de oorlog en het concentratiekamp is zij nog niet terug geweest in haar vaderland." De serveerster bleek ook uit Oekraïne te komen. Zij kregen het over de oorlog. "Het brood bakken we zelf. Neemt u maar een heel brood mee. Ik maak het wel in orde." Toen ze in de haven aankwamen, moest er gewerkt worden en Marcella dacht helemaal niet meer aan het brood. Maar 's avonds werd er aan de deur gebeld. Op de stoep stond de bootsman van het schip met een grote tas vol met heerlijke donkere broden. Eric was de hele avond bezig dit brood rond te brengen bij alle Russische vrouwen die ze kenden. Na hun jeugd te hebben doorgebracht in Duitse concentratiekampen hadden zij het ook na de oorlog niet breed. Het lekkerste hapje was voor hen brokjes donker brood met zuurkool.

Tijdens de tochten door Nederland vertelde Marcella de Russische toeristen hoe Hollandse kaas wordt gemaakt. Wat hen het meest verbaasde was dat één gezin een bedrijf van tweehonderd koeien kon runnen. En de vrouw van de boer zag er volstrekt niet afgedraaid uit. Rondom het boerenhuis is alles netjes en, zoals het hoort, zijn overal bloemen geplant. Verbaasd waren ze ook over de op de Nederlandse scholen verplichte zwemlessen en het belang dat nog steeds wordt gehecht aan het halen van een zwemdiploma. De Russische toeristen deelden hun ervaringen en vertelden over hun eigen land en over de Russische tradities.

Marcella heeft haar hele leven in Nederland met en voor Russen gewerkt. Zij heeft tournees begeleid van het dansensemble Berjozka, het circus Oleg Popov, het ballet van het Bolsjoj Theater en het Kirov ballet, het Staatscircus op IJs, van Symfonieorkesten en het koor van de Witte Zeevloot. Allemaal hadden ze tolken nodig, en er moest dagen achtereen worden gewerkt. De werkdag begon met de ochtendrepetities en eindigde als na het avondoptreden het doek viel. Tijdens zulke tournees moesten er volgens contract vier tolken tegelijk zijn. Maar Marcella en haar collega Teeuwis werkten met hun tweeën. Op een zekere dag verscheurde een theaterdirecteur onverwachts het contract, stelde voor de twee tolken een dubbel honorarium vast en bedankte hen voor hun uitstekende werk.

Op een avond was Marcella naar buiten gegaan om de hond uit te laten en ontdekte dat niet ver van haar huis de tent was opgezet van Circus Oleg Popov. Voorheen had zij met dit circus gewerkt, en zoals gewoonlijk geholpen met tolken en vertalen. Zij vroeg aan een medewerker van het circus: "Waar is Popov?"

Hij wees op een rijk versierde wagon.

"Daar, waar de emmers met bloemen staan van de première."

Marcella klopte op de deur. Oleg Popov kwam naar buiten en herkende Marcella dadelijk.

"Ben je bij de première geweest?"

"Nee."

"Kom mee naar de kassa. Hoe groot is je gezin?"

En hij gaf opdracht haar kaartjes voor het hele gezin te geven.

Maar wat zij het liefste deed, was om háár Holland terug te geven, of beter gezegd te schenken aan haar vroegere landgenoten. En natuurlijk speelde de mogelijkheid om Russisch te praten, om zich aan de bron te laven, aan de frisse lucht van haar geboorteland, een enorme rol. Marcella heeft lessen Russisch gegeven, getolkt en schriftelijk vertaald, delegaties uit Rusland begeleid en excursies geleid voor Russische toeristen. Zij bleef leven in twee werelden, die zij organisch in haar leven deed samensmelten.

Ze herinnert zich een voorval dat te maken heeft met het populaire liedje over tulpen uit Amsterdam. Marcella maakte met een groep Russische toeristen in een boot een rondvaart door de grachten in het centrum van de stad. Tijdens de rondvaart was er op de radio een uitzending van "Amsterdam groet Leningrad." De presentator draaide een willekeurig telefoonnummer en belde een gezin met twee dochtertjes. Bij wijze van begroeting zette hij het liedje *Tulpen uit Amsterdam* op in de uitvoering van Herman Emmink. Het liedje weerklonk toen de boot langs de bloemenmarkt voer, en had niet op een beter moment kunnen komen. Toen de uitzending was afgelopen, zong Marcella het in het Russisch. Al eerder had zij samen met leden van een zang- en dansensemble van dit beroemde liedje een Russische versie gemaakt om het toeristen makkelijker te maken het land en de cultuur die de stad ademt te begrijpen.

Uit de USSR kwamen veel amateurgroepen met concertprogramma's. Elk bezoek aan een bedrijf werd besloten met een optreden van de gasten. Aan het einde van elk concert klonk onveranderlijk ook dit lied over de tulpen uit Amsterdam. Nadien zong Marcella het vaak voor haar toeristen tijdens lange ritten met de bus.

Marcella begon haar excursies onveranderlijk met een kaart van Nederland in haar hand. Omdat ze ook nog de microfoon moest vasthouden, hield de chauffeur de kaart bij de andere hoek vast. "U bent hier in een klein land aan de Noordzee." Dan kwam het gezegde: "God heeft de zee geschapen, maar de Hollanders de kusten." Zo begon ze haar verhaal. En nu raakt ze nooit uitgepraat over de geweldige mensen die naar Nederland waren gekomen, over wat ze hadden beleefd en welke sporen ze in haar ziel hadden achtergelaten! De Russische toeristen waren niet alleen geïnteresseerd in historische feiten of architectonische bijzonderheden. Zij vonden letterlijk alles interessant aan dit moderne land, aan hoe de bevolking er leeft. In Nederland is het niet gebruikelijk te vragen naar wat je verdient, maar Russen vinden dit niet iets om je voor te schamen. Daarom waren ze ook geïnteresseerd in het salaris van de Nederlanders, en in het kopen van huizen, en in het bankensysteem. Er moest worden uitgelegd dat dertig procent van het loon weggaat aan belasting, en dat het kopen van een huis heel anders gaat dan in de Sovjet-Unie. Zolang je je hypotheek betaalt, is het huis van jou. Zodra je die niet kunt betalen, gaat het huis naar de bank. Het systeem van hypothecaire leningen was toen nog niet bekend in de Sovjet-Unie.

In herinnering komen de uitwisselingen van landbouwdelegaties uit beide landen. Eerst bezochten Nederlandse boeren Sovjetbedrijven. Het thema van de reis was experimenten op het gebied van de melkveehouderij. Zowel mannen als vrouwen reisden mee. Vol indrukken van alles wat ze gezien en gehoord hadden gingen ze terug. Nog in het vliegtuig was Marcella een vrouw opgevallen die iets met een kruissteek aan het borduren was. Toen ze na de landing in Amsterdam op de bagage stonden te wachten, kwam zij naar Marcella toe en overhandigde haar namens de hele delegatie het cadeau – de al in Moskou gekochte parfum en het borduurwerk met de woorden daarop: "Moskou, bedankt!"

Wat later kwam het tegenbezoek tot stand. Op het programma stond het bezoek aan enkele experimentele bedrijven. Op haar reis door Nederland werd de Russische delegatie begeleid door de ministers van landbouw van beide landen. Alle deelnemers waren geschokt toen de Nederlandse minister de delegatie verwelkomde, met bottines van lakleer aan zijn voeten. Zijn Russische collega gaf meteen als commentaar: "Dat is toch geen boer. Met zoiets aan je voeten ga je niet naar een boerderij." Het antwoord van zijn Nederlandse collega was: "U hebt gelijk. Ik ben econoom. Na deze ontmoeting met u staat er nog een op het programma, een heel belangrijke. Vandaar mijn ongeschikte schoenen."

Het bezoek aan de Nederlandse boerderijen was voor de Russische deelnemers een ware schok. Zij kwamen op gezinsbedrijven die elk tientallen koeien telden. De Sovjetdelegatie kon niet geloven, dat het mogelijk was met zijn tweeën zoveel koeien te verzorgen. Het was duidelijk dat je dit zonder automatisering niet zou klaarspelen. Maar dan moet je er ook tijd in steken om te leren hoe dat werkt. Ook zagen zij de boerin van het melkveebedrijf in een schone overall en rubberlaarzen een koe melken. Wat later kwam zij, omgekleed als een lady, aan tafel voor de gezamenlijke maaltijd. Bovendien zag zij overdag ook nog kans om wat cursussen te volgen die van pas kwamen, in huis alles perfect op orde te houden, en de keurige bloemperken voor het huis te onderhouden.

De kinderen van deze boerengezinnen zetten in de regel het gezinsbedrijf voort. Daarvoor gaan zij vaak studeren aan een Hogere Agrarische School. In zulke gezinnen leeft men tamelijk sober, volgens het principe: "Veel kleintjes maken één grote." Toen ze kennis hadden gemaakt met de technologie van de kaasbereiding wilden veel deelnemers aan de reis in Rusland meteen een productie van Hollandse kaas opzetten. De boerin van een van de bezochte bedrijven beloofde alle informatie en de noodzakelijke documentatie toe te sturen. Ze deed haar belofte gestand en voegde er ook nog haar eigen adviezen aan toe.

Op een keer werkte Marcella met een groep toeristen uit Saratov. Hun verblijf verliep probleemloos. De mensen waren goedgehumeurd, alles vonden ze interessant. Ze hadden veel vragen over de medische voorzieningen, over de woningbouw en het onderwijs. Het regende vragen; de ene vraag was nog niet beantwoord of er kwam weer een volgende. Toen de vragen over het land waren uitgeput, kwamen er persoonlijke: "Hoe vaak komt u in de USSR?" " Ik kom over zeven weken. Ik begeleid een groep Nederlanders op een cruise langs de Wolga. Uw stad doen we niet aan, maar we komen er wel langs." Er gingen zeven weken voorbij. Na het avondeten, om een uur of negen, gingen Marcella en Eric het dek op om van het afwisselende landschap te genieten. Het schip gleed geruisloos over het water en voer heel dicht langs de oever. Daar waren de lichtjes in de huizen te zien. Opeens verscheen er op de oever een klein groepje mensen met lantaarns in de hand. In koor riepen zij lange tijd een naam: "M A R C E L L A!" Ze kon niet anders ten antwoord doen dan zwaaien, staande op het dek, zonder mogelijkheid om ze te begroeten. Het was een van de meest ontroerende en onvergetelijke cadeaus die het leven haar had gebracht. Nog steeds denkt zij met dankbaarheid aan deze momenten terug. Dezelfde groep heeft nog in Nederland, en overvol van nieuwe indrukken, gezamenlijk dit lied gemaakt:

> Wij komen van zo verre,
> Mijlenver van Don en Wolga,
> En blijven ons Moskou trouw.
> Maar bij ons in de bus zit Marcella
> Ons over Holland te vertellen.
> De grachten en de tulpen,
> De bruggen, paleizen en kranen,
> De draaiorgels met hun tedere klank,
> Opeens begint Marcella te zingen,
> En meteen lijkt alles dichtbij.

Op een keer deed zich een tragikomische situatie voor. Met een groep toeristen zou er 's avonds een excursie zijn vanaf de Dam, in het hartje van de stad. Een paar toeristen kwamen niet opdagen. Het leek erop dat zij om bepaalde redenen op de Wallen waren blijven steken. Marcella wendde zich tot de politie om hulp, want ze was bang dat er iets met hen was gebeurd. Maar bij de politie kreeg zij nogal bot te horen, dat "jullie hier niet in Rusland zijn en dat ieder kan gaan en staan waar hij wil." Marcella wist echter dat haar toeristen, zonder geld op zak en zonder talenkennis, wel eens in een vervelende situatie konden belanden. Ze besloot toen alleen, op eigen kracht, de Wallen op te gaan. Marcella heeft tegen de verlokkingen van de priesteressen van het oudste beroep ter wereld in moeten gaan om haar toeristen ertoe te bewegen mee te komen met de excursie. De klanten voelden wel dat ze fout waren geweest en stuurden later om hun spijt te betuigen bloemen naar het reisbureau.

Een van de groepen heeft deze regels achtergelaten:

> Wij kwamen aan in Brussel,
> De vlucht op Schiphol was gestaakt.
> Wat hebben wij het onze Marcella
> Toen vreselijk moeilijk gemaakt!
> Hoewel de ontmoeting stralend was,
> Hoewel het ook nog donker was,
> Zo dichtbij,
> Zo ver weg.
>   + + +
> Ons beviel, 't is werkelijk waar,
> Het volk van Nederland,
> Dat vol zaken en zorg is,
> Zo hardwerkend en trots is.
> Niet zomaar heeft Peter de Grote
> Zijn venster geopend naar hen.
> Zo dichtbij,
> Zo ver weg…"

Er ging ook wel eens iets mis bij de reizen met Nederlandse toeristen naar Rusland. Marcella moest een belangrijke delegatie naar Moskou begeleiden voor het jaarlijkse filmfestival. Het was geen makkelijke delegatie. De groep werd ontvangen door Intourist[12], dat beloofd had een ontvangst te regelen op het hoogste niveau. Op het vliegveld werden ze afgehaald door Margarita, de gids van Intourist. Zij deelde mee dat er voor het festival onverwacht heel veel filmsterren uit Hollywood waren gekomen, en dat alle luxe kamers van de hotels in het centrum van de stad aan hen waren vergeven. Voor de Nederlandse delegatie resteerden slechts kamers in het "Huis van de Kolchozenboer" op het terrein van de VDNCH[13]. Ze hoefden daar maar twee nachten door te brengen, daarna zouden de wereldsterren vertrekken en de voor de Nederlanders bestemde kamers vrij komen. Terwijl de groep lunchte en bezienswaardigheden bekeek in de stad, ging Marcella het hotel bekijken. Ze was ontsteld toen ze bij de bezichtiging van de kamers in de toiletten stukken krant zag liggen in plaats van closetpapier. Er kwam een klein mannetje naar haar toe – de directeur van het hotel. Marcella hoefde hem alleen maar het bedrag te noemen dat uitgetrokken per persoon was voor de lunch. De directeur telde dadelijk alles op en knikte verheugd: "Alles komt piekfijn voor elkaar. Maakt u zich niet ongerust." En werkelijk, de tafels voor het ontbijt waren gedekt met witte gesteven tafelkleden, waarop boeketten bloemen stonden en schalen, tot de rand toe gevuld met alle mogelijke vruchten. Tijdens het afscheidsdiner kreeg iedere toerist van de directeur een mooi verpakt cadeau – Russische bonbons en een fles champagne. Door al deze inspanningen vonden de mensen het in dit hotel zo fijn dat zij er vanaf wilden zien te verhuizen. Maar twee dagen later werden ze toch in een hotel in het centrum ondergebracht, van waaruit het makkelijker was op excursies en naar het theater te gaan.

In 1980 moest Marcella een groep Nederlandse aardrijkskundedocenten begeleiden. De reis duurde bijna een maand. Met ingang van het jaar daarop zouden op de Nederlandse scholen de verschillende Sovjetrepublieken in het lesprogramma opgenomen worden. Op het programma van de reis stond een bezoek aan scholen en ondernemingen in deze republieken. Onder andere was de groep uitgenodigd door een

---

12 Het toeristische staatsbedrijf van het Sovjet Unie, dat de buitenlandse reizen van de toeristen regelde.
13 Tentoonstelling van de Verworvenheden van de Volkseconomie.

schoenenfabriek in Rostov-aan-de-Don. Omdat zij de traditionele gastvrijheid van de Russen kende had Marcella de deelnemers aan de reis schertsend gewaarschuwd: "Ik weet dat jullie net van tafel zijn gekomen. Op de fabriek zullen ze jullie zeker onthalen. Om de medewerkers van de fabriek niet te kwetsen moeten jullie alles maar proeven, maar dan met kleine beetjes." Alles ging zoals Marcella had voorspeld. In de kantine was een grote tafel gedekt met een heleboel lekkernijen, waaronder gebakjes in de vorm van verschillende schoenmodellen. Het was verrukkelijk! Na een tijdje kwam een dame met een treurig gezicht naar Marcella toe, samen met de directeur van de fabriek, en vroeg: "Wat is er aan de hand? Onze gasten delen de gebakjes in twee of drie stukjes en eten kleine hapjes ervan." Waarop Marcella zei: "Maakt u zich niet ongerust. Onze groep heeft net al gegeten. Ze hebben net een lunch gehad van vier gangen. En toch hebben ze besloten om u niet te teleur te stellen en van uw traktaties te proeven." "Dan is het inderdaad beter de andere gebakjes onaangeroerd te laten. Waren de Russen maar zo zuinig…." Opgelucht begon iedereen te lachen.

Door haar toeristen met goede zorg en aandacht te omringen probeerde Marcella hun verblijf een maximum aan comfort mee te geven. Ze deed haar best om maaltijden en excursies op de meest karakteristieke plaatsen te organiseren. Als er iets gepland was wat in de soep dreigde te lopen, zette ze onmiddellijk alles op alles om de situatie recht te zetten. Dat bleef niet onopgemerkt. Na hun terugkeer naar huis kreeg Marcella van de reizigers steevast brieven van gelijke strekking. Zoals deze brief van de Centrale Botanische Tuin van de Academie van Wetenschappen van de USSR: "Zonder enige twijfel is het succes van deze reis in aanzienlijke mate te danken aan uw grote organisatorische ervaring en uw persoonlijke charme… Ik weet dat velen u hun liefde hebben betuigd en uiting hebben gegeven aan hun diepe gevoelens van sympathie en enthousiasme, maar ik wil nog eens herhalen dat het een groot genoegen en plezier is om met u samen te werken, met u om te gaan en bevriend met u te zijn." Of een andere brief afkomstig van de Vereniging Nederland – het Sovjet Unie: "Veel Russische dank voor al uw inspanningen en vriendschappelijke betrokkenheid."

Er zijn tijden geweest dat Marcelle in één seizoen vijf à zes cruises over de waterwegen van Rusland begeleidde. Op ieder schip waren ongeveer 170 toeristen. En Marcella stond er alleen voor. Tegenover iedereen moest ze even voorkomend zijn en ze moest ervoor zorgen dat alles op tijd kwam – het vervoer én de maaltijden én de excursies. De Nederlandse toeristen gebruikten hun maaltijden voornamelijk aan boord van hun schip, als er geen lange excursies waren. Als er weer een excursie van start ging nodigde Marcella gewoonlijk iedereen uit naar de bus te gaan met de onstuimige woorden: "te paard!"

De gidsen van Intourist zaten altijd aan een tafel apart. Zij kregen altijd heel andere soep dan de Nederlanders. Dat was borsjtsj. Tijdens een van de cruises vroegen de toeristen Marcella: "Wat eten zij? Wat is dat voor soep? Wat is dat voor roods? Iets met kool?" Marcella antwoordde: "Dat is borsjtsj. Je hebt koude borsjtsj en warme, vegetarisch en ook met vlees." De toeristen wilden dit Russische gerecht graag proeven, maar het lukte ze maar niet de naam ervan uitspreken. Ze werden het erover eens dat het woord net zo klonk als het Nederlandse "borst". Toen ze het gerecht eenmaal hadden geproefd, bleven ze daarna voor het diner telkens weer borsjtsj met zure room bestellen. De Nederlanders waren ook altijd aangenaam verrast door de koude gerookte vis, die als hapje vooraf werd opgediend.

Er was grote belangstelling voor de USSR. Vooral bij de Nederlandse vrouwen. Bijna alle toeristen waren enthousiast over hun reis door Rusland. Na hun terugkeer kwamen ze opnieuw bijeen, haalden herinneringen op, nodigden hun gids uit en stelden haar voor aan hun gezin. Met enkelen bleef het contact door de jaren heen bewaard.

ONVERGETELIJKE ONTMOETINGEN

De herinneringen aan de toeristen, aan haar groepen, aan de intensieve uitwisseling van ervaringen, aan vermakelijke of trieste voorvallen tijdens haar werk noemt Marcella "haar erfenis." Zij zegt: "Dit is mijn erfenis – voor de kinderen, voor mijn kleinkinderen. Het waren geen makkelijke jaren, maar ik denk er met waardering aan terug."

Het doet haar ongelooflijk goed dat zij tot op de dag van vandaag op 9 mei wordt gebeld door haar oude vrienden uit Rusland om haar te feliciteren met de Dag van de Overwinning. Immers, zij waren destijds "kinderen van de oorlog", en eigenlijk zijn zij dat voor altijd gebleven. Zij hebben alle moeilijkheden en ontberingen doorgemaakt, sommigen de bezetting, anderen de evacuatie, honger en koude. En allen waren ze met elkaar verbonden door het "B R O O D J E." Marcella heeft tot aan hun dood samen met haar moeder en haar broer Volodja vaak teruggedacht aan het leven in de Sovjet-Unie. De oorlogsjaren waren zwaar geweest voor Nederland, dat vijf jaar lang door Duitsland bezet was. Maar op de schouders van de Russen kwam een bijzonder zware last terecht. En Marcella was niet alleen ooggetuige daarvan. Zij had net als iedereen in die loodzware oorlogsjaren bombardementen meegemaakt en honger, en ondraaglijk zware arbeid en het leven in de evacuatie, en het meest tragische – het verlies van haar vader. Mogelijk is dit alles ook de voornaamste pijler waarop haar "brug" is gebouwd met betrekking tot de Russische toeristen. Dankzij het feit dat Marcella geboren en getogen is in de Sovjet-Unie en alles heeft doorleefd wat ook haar toeristen ondergaan hebben, werd zij door hen als "eigen" beschouwd. Zij vertrokken met het gevoel dat ze haar alleen achterlieten in den vreemde. Het afscheid was langdurig, vaak met tranen. Vrouwen deden hun broches, oorbellen af, wilden haar heel graag iets geven, hoe klein ook, als herinnering aan hen.

In 1966 kwam de in de Sovjet-Unie bekende literator, theaterregisseur en criticus, redacteur van vele centrale kranten en tijdschriften op het gebied van het theater en de film E.D. Soerkov naar Nederland. Hij was uitgenodigd om college te geven aan studenten van twee Nederlandse universiteiten tegelijk – die van Leiden en Utrecht. De Sovjetschrijver vielen deze ontmoetingen niet makkelijk. Veel studentengebruiken, omgangsvormen en gewoonten begreep hij niet of vond hij volstrekt onaanvaardbaar. Tijdens de colleges stond zijn aktentas open naast zijn tafel. Er lagen een heleboel voor hem belangrijke papieren in. Op een of andere manier had één van de studenten een boek erin gestopt met een briefje in een envelop. Soerkov vroeg: "Hoe moet ik hierop reageren?" Waarop Marcella, die hem de hele reis begeleidde, zei: "Gaat u maar verder met uw verhaal en reageert u maar niet." Hij sprak toen op het eind van zijn college: "Iemand heeft een cadeau voor mij neergelegd. Ik zou hem persoonlijk willen bedanken." Er kwam een jongeman naar voren, die zich langdurig voor zijn onverwachte daad verontschuldigde.

Later kreeg Marcella een lange brief van Soerkov, vol herinneringen en dankbaarheid: "En de essentie is niet eens dat u alles zo goed en precies hebt georganiseerd, maar dat ik in Nederland geen minuut eenzaam ben geweest…ik ben u dankbaar voor uw geestelijke steun, voor het feit, dat u al deze dagen niet zozeer mijn gids bent geweest, maar een trouwe vriendin en raadgeefster."

Als zij Nederlandse groepen naar de Sovjet-Unie begeleidde bezocht Marcella soms, in de zeldzame vrije momenten, toeristen die in verschillende perioden in Nederland waren geweest, degenen, die haar het meest waren bijgebleven, met wie ze bevriend was geraakt. Op een keer kwam ze op een zondagse wandeling door Moskou langs het Conservatorium. Bij de ingang hing een affiche – "Jubileumconcert van het Kinderkoor Pioneria onder leiding van Georgi Stroeve." Naast het gebouw stonden bussen met kinderen. Algemene opwinding rondom, oma's die bezig waren de kinderen aan te kleden en op te maken om ze voor te bereiden op het optreden. Marcella herinnerde zich Stroeve, hij had deelgenomen aan een groep van dichters, schrijvers en muzikanten die in Nederland was om kinderen lessen te geven. Ze besloot naar binnen te gaan. Tijdens de pauze had ze met hem een heel ontroerende ontmoeting.

"Bent u hier? Hoe?"

"Ik ben hier met een groep. Morgen vertrekken we."

Hij drong er erg op aan dat zij te gast kwam op zijn datsja buiten de stad.

"Ik stuur een auto om u te halen."

Maar zij moest helaas na de pauze weg, omdat ze al eerder bij haar vriendin Margarita was uitgenodigd, de vrouw van een professor aan het Moskouse Conservatorium.

Er was een voorval dat zich afspeelde op het bordes van hotel National. Marcella stond op haar groep te wachten. Het was tijdens de 1 Mei viering. In de Gorkistraat was een feestelijke optocht aan de gang. Plotseling maakte zich uit de colonne van de Lichatsjovfabriek een man los, die naar de ingang van het hotel rende.

"Marcella! Bent u het echt?"

"Jawel, ik ben het!"

"Gefeliciteerd met het feest! Met de Eerste Mei!" Hij reikte haar zijn rode vlaggetje aan en rende terug naar de colonne.

Pas wat later herinnerde zij zich wie hij was. Deze man had deel uitgemaakt van een fabrieksdelegatie die in Nederland machinefabrieken had bezocht. Daarna was er een tegenbezoek geweest in de Sovjet-Unie. De Nederlandse mannen werden vergezeld van hun vrouwen. Het excursieprogramma zat erop, de laatste dag van het verblijf in Rusland was aangebroken. De vrouwen gingen de grote warenhuizen verkennen en de mannen vroegen de gids of zij niet een interessante excursie voor hen wist. Marcella stelde hun voor naar de Lichatsjovfabriek te gaan. Ze belde de directie om een ontvangst te regelen. Op de fabriek werd verheugd gereageerd: "We sturen nu een auto naar u toe!"

"Ik heb een bus nodig. Ik ben met een groep van 16 man."

Het bezoek aan de fabriek bleek voor de Nederlandse deelnemers heel informatief en is hen lang bijgebleven. Het personeel van de fabriek haalde de groep over om voor het avondeten te blijven. Op de afscheidsavond stond een bezoek aan het Bolsjoj Theater op het programma. De vrouwen waren allang klaar met winkelen en stonden zenuwachtig op hun mannen te wachten, toen de bus er eindelijk aan kwam.

In 1979 vierde Intourist haar vijftigjarig bestaan. In verband met het jubileum van de organisatie werd Marcella, uit dankbaarheid voor haar uitstekende werk, onderscheiden met een oorkonde en een jubileumspeldje van de organisatie. De leider van een volgende groep toeristen naar Nederland bracht de onderscheiding mee. In een feestelijke ambiance op het bureau van Intourist in Amsterdam werden ze overhandigd, in aanwezigheid van andere toeristische organisaties die met Rusland samenwerken. De ambassadeur van de Sovjet-Unie, die de onderscheiding overhandigde, zei: "Ik ben nooit een van uw toeristen geweest. Maar nu hoop ik dat ik u krijg bij een excursie."

JOERI ZJOEKOV

In november 1966 werd er in het tijdschrift *Znamja*, dat uitkwam bij de uitgeverij Pravda, een artikel gepubliceerd van de in Rusland bekende politieke commentator en lid van de Schrijversbond Joeri Zjoekov. Hij had het geschreven onder de indruk van een ontmoeting met Marcella en haar moeder Nell, tijdens zijn laatste reis naar België en Nederland. Marcella had de groep journalisten afgehaald in Rotterdam. Zij hadden al enige tijd in België doorgebracht en waren doorweekt van de onophoudelijke regen. Ze stapten uit de trein en begroetten Marcella zonder veel enthousiasme op het perron. Zij glimlachte stralend en garandeerde voor de volgende dag zonnig weer. En zowaar, naarmate ze dichter bij Amsterdam kwamen werd het weer beter en losten de wolken zich op. En ook de voortreffelijke organisatie van de reis deed bij de groep de stemming helemaal omslaan. Het bleek dat Zjoekov net als Marcella in de jaren '30 in Charkov had gewoond. Hij was zeer geïnteresseerd in de levensloop van Marcella en haar ouders.

Ze spraken af moeder Nell op te zoeken tijdens een bezoek aan de stad Haarlem, waar zij na haar terugkeer was blijven wonen. Het was voor alledrie een heel emotioneel gesprek. De herinneringen kwamen boven in een eindeloze stroom. Eindelijk had Nell een dankbare luisteraar, die echt geïnteresseerd was in haar verhaal. Als resultaat van deze ontmoeting verscheen zijn artikel. Al in december kreeg Marcella uit Moskou een nieuwe brief van Zjoekov. Daarin deelde hij mee dat de krant *Koezbass* zijn artikel integraal had overgenomen. Ook vertelde hij dat één van de straten van Kemerovo thans de naam droeg van Rutgers – de grondlegger van de AIK. Ook de Izjevse krant *De Oedmoertse Waarheid* had zijn verhaal gepubliceerd, samen met de herinneringen van inwoners van de stad aan het gezin Visch.

Op het artikel reageerde ook een oude kennis van het echtpaar Visch in Charkov en Izjevsk – de bibliothecaresse van de fabrieksbibibliotheek, Anna Zacharova. Zij schreef: "In 1941 werden wij naar het noorden geëvacueerd, het waren de zware dagen van de oorlog, en u en ik en alle mensen samen hebben de kou en de honger doorstaan, waaraan je niet zonder tranen kunt terugdenken. Er zou een heel boekwerk nodig zijn om alles te beschrijven…"

En toen kreeg Marcella uit de Sovjet-Unie onverwachts nog een exemplaar van het tijdschrift met het artikel *Een dame uit Amsterdam* toegestuurd, door een van haar vroegere toeristen, die het artikel ook had gelezen en meteen zijn gids en haar moeder wilde verblijden.

MSTISLAV ROSTROPOVITSJ

Marcella had in haar werk veel te maken met componisten en musici van het hoogste niveau, die bekend en geliefd waren in het Westen. Van één van de delegaties maakten Mstislav Rostropovitsj en David Oistrach deel uit. Later, toen de beroemde cellist besloten had in Parijs te gaan wonen, kwam hij vaker naar Nederland. Zijn spel werd zeer gewaardeerd door koningin Beatrix, die hem geregeld uitnodigde om op haar verjaardag met een kamerorkest op te treden. Tijdens deze bezoeken aan Nederland verzocht hij Marcella steevast om hem te begeleiden. Op een keer, op de avond vóór het grote feest van 1 Mei, ontving Marcella een groep uit Rusland. In de Sovjet-Unie hebben de mensen op deze dag vrij. In de ochtend was er een excursie geweest, 's middags kregen de toeristen de gelegenheid souvenirs en cadeautjes te kopen. Marcella wachtte haar toeristen op in het hotel. Bij de receptie werd gezegd dat iemand voor haar had gebeld en zijn nummer had achtergelaten. Zij belde terug en herkende Mstislav Rostropovitsj dadelijk aan zijn stem. Het was ook moeilijk zijn stem niet te herkennen. Bovendien begon hij als hij zich druk maakte een beetje te stotteren: "Marcella! Is alles goed met u? Mag ik vragen of u een groep heeft uit Rusland? Het is vandaag 1 Mei, de Dag van de Arbeid. Ik ben vanavond vrij. Ik zou deze avond samen met mijn landgenoten, samen met u willen doorbrengen. Is dat mogelijk?" "Graag! Om 8 uur vanavond hebben we een afscheidsdiner met de groep." En zij gaf hem het adres op van het hotel. Hij vroeg ook nog op de namenlijst te kijken hoeveel vrouwen en hoeveel mannen er waren. "Vergeet niet uzelf mee te tellen." Marcella vertelde de groepsleider van haar gast. Aan zijn ogen was te zien dat hij ontroerd was. Rostropovitsj kwam met een taxi, het diner was net begonnen. Hij verscheen met stralende ogen op de drempel en sprak: "Vrienden! Gefeliciteerd met de Eerste Mei! U heeft er geen bezwaar tegen, hoop ik? Op deze dag wil ik graag met u aan de feesttafel zitten." In zijn handen had hij mooi ingepakte sjaaltjes, precies zoveel als er vrouwen aan tafel waren. Alle vertegenwoordigsters van het schone geslacht gaf hij een sjaaltje, terwijl de mannen een souvenirpen kregen. Daarna deed hij huiselijk zijn colbert uit, hing dat over een stoel en ging in zijn witte overhemd aan tafel zitten. Hij leek zich helemaal thuis te voelen. Aan tafel zong en dronk iedereen met elkaar en klonken er interessante gesprekken. De sfeer was heel warm en vreugdevol.

NATALIA NIKOLAJEVNA ORLOVSKAJA

In de jaren '70 kwam er een pedagoge uit de school van het Bolsjoj Theater naar Amsterdam. Natalia Nikolajevna was uitgenodigd om de jonge dansgroep van de balletschool onder de artistieke leiding van Sonja Gaskell te komen helpen. Deze dansgroep kreeg weldra de naam Het Nationale Ballet. De kleine, broze, energieke Orlovskaja kreeg heel snel een nieuwe naam – madame Orlovskaja. Zo werd zij tot haar dood genoemd in Nederland.

Madame Orlovskaja merkte dadelijk het verschil op tussen haar leerlingen in Rusland en de Nederlandse leerlingen. Zij moest van nul af aan beginnen. Marcella werd gevraagd om te helpen met tolken tijdens de lessen en bij de contacten met het kantoor van het Nationaal Ballet. Het begin was voor iedereen moeilijk. Een voorval tijdens een les komt in herinnering. Iedereen staat aan de barre. De deur gaat open en er komt een kauwende leerling naar binnen met een broodje in haar hand. Madame stopt met lesgeven en zegt: "Wat komt u hier doen? Het buffet is beneden." Toen klonk voor het eerst: "De voorbereiding van de les begint als je het theater binnenkomt. En het theater begint bij de kapstok." Madame sprak luid en nadrukkelijk, zodat het voor iedereen meteen duidelijk was. Naar alle volgende repetities kwamen de leerlingen op tijd. Geleidelijk aan begon iedereen aan haar te wennen. Dansers kwamen zelfs eerder om voor het begin van de les hun vragen te kunnen stellen. Madame Orlovskaja was een piepklein miniatuurvrouwtje. Tijdens de lessen en repetities, en later ook tijdens de voorstellingen, droeg ze altijd een zwarte sweater en een even zwarte, strakke legging. Blijkbaar was dat haar favoriete werkkleding.

De voorbereiding voor de serieuze voorstellingen was begonnen. Er waren ook openbare lessen, waarvoor journalisten, critici en leden van de vereniging Vrienden van het Nationaal Ballet werden uitgenodigd. Alles gebeurde op een zeer hoog professioneel niveau. Men bereidde zich voor op de voorstelling *De Oceaan en de Parel*. Na één van de lessen vroeg Madame Orlovskaja de solisten – Sylvester Campbell en Olga de Haas – te blijven. Iedereen die dat wilde mocht ook blijven. En alle leerlingen bleven gewoon op de vloer rondom hun pedagoge zitten. Er ontstond een heel vertrouwelijke sfeer. De leerlingen vatten moed en begonnen de pedagoge persoonlijke vragen te stellen.

"Hebt u ook gedanst?"

"Ja-ja. Ooit wel."

"In welke rollen?"

"Ik was zo klein dat ik alleen maar insecten kon dansen."

Sylvester moest in de nieuwe voorstelling de partij dansen van de Oceaan, en Olga die van de Parel. "Sylvester! Je moet naar een bioscoop of bibliotheek. Kijk waar je de kracht van de oceaan kunt zien. Jij, Olga, moet naar een juwelierswinkel en de schoonheid van de parel bewonderen." Er ging een week voorbij. "Beste Oceaan en Parel! Laat maar eens zien, hoe jullie dansen."

Na de dans van Sylvester klonk het: "Nee, beste jongen, jij bent geen Oceaan. Je bent - water uit de kraan." Na de dans van Olga kwam er geen kritiek. Maar kort na deze les kwam zij niet naar een repetitie. Madame Orlovskaja haastte zich samen met Marcella naar haar huis. De vader van de ballerina deed open. Olga zat met een voet in verband. "Madame Orlovskaja! Neemt u mij niet kwalijk! Het dansen gaat niet! Ik was thuis aan het oefenen en heb mijn voet verzwikt." Waarop de pedagoge reageerde met: "Meneer de Haas! Breng me een teiltje warm water." Terwijl de vader water ging halen haalde Madame het verband van de zere voet van Olga. Daarna liet ze die voorzichtig in het warme water zakken. Olga sputterde tegen: "Nee! Alstublieft, doe maar niet! Ik ben bang dat ik nooit meer zal kunnen dansen!" Madame: "Liefje! Ik heb dit alles zelf ook doorstaan. Ik weet hoe zeer het doet!" Terwijl ze dit zei, masseerde Madame de geblesseerde voet voorzichtig met haar kleine vingertjes. En daarna: "Als jij, Olga, wilt dansen, dan verwacht ik je morgen op de repetitie. Je kunt op een half been werken." Later op de tramhalte liet Madame zien hoe Olga moest dansen, welke nieuwe bewegingen ze moest maken om haar zere voet niet zo te belasten. De passagiers van de passerende trams keken naar de dansende vrouw en moesten glimlachen.

De voorstelling *De Oceaan en de Parel* was zeer succesvol. De leerlingen droegen hun pedagoge zonder omhaal op hun handen het toneel op in haar favoriete zwarte sweater en legging. Achter de coulissen stonden Sylvester en Olga, helemaal in tranen van geluk. De pers was zeer lovend over de enscenering. Niet lang daarna moest de groep van Het Nationale Ballet op tournee naar Polen. Het contract van madam Orlovskaja liep af en tien dagen later moest zij naar huis. Marcella ging in de auto met haar mee naar het station van Hoek van Holland, vanwaar destijds rechtstreekse treinen naar Moskou reden. Toen de bagage al in de coupé was geladen, kwam Madame Orlovskaja naar Marcella toe en omhelsde haar met de woorden: "Ik dank u voor alles!"

Een paar dagen later ging de telefoon. Aan de andere kant van de lijn klonk de stem van Orlovskaja: "Ik ben goed thuis gekomen. Maar u kunt zich niet voorstellen, wat voor verrassing Het Nationaal Ballet voor mij in Warschau in petto had! Ze renden allemaal met bloemen in de handen over het perron en riepen: 'Madame! Madame Orlovskaja!' " De pedagoge had het raam van haar coupé geopend en afscheid genomen van haar leerlingen. Er vloeiden ook tranen, maar dat waren tranen van geluk.

Met het vertrek van Madame Orlovskaja was het werk van Marcella bij Het Nationaal Ballet afgelopen. Toen zij voor de laatste keer op het kantoor kwam om wat formaliteiten af te handelen, werd zij ontvangen door Sonja Gaskell. "Hebt u gehoord hoe de dansers op het perron in Warschau afscheid namen van Orlovskaja? Zo'n geschenk heb ik nooit van ze gekregen…."

DE ARTSEN

In de jaren '70 werd er in Amsterdam een cardiologencongres gehouden. De bekendste specialisten waren hier bijeen. Iedereen hield referaten in het Engels. Tijdens het diner werd duidelijk dat de hele Sovjetdelegatie zeer ontevreden was over de tolk. Eén van de professoren kwam naar Marcella toe en zei, terwijl hij haar bijna omhelsde: "Marcella, red ons! In het land der blinden is éénoog koning." Marcella ging alle referaten van het congres simultaan tolken. De hele dag, zonder pauze. Een titanenarbeid. Tot migraine en misselijk worden aan toe. Er kon nog net een grapje vanaf: "Ik ben een ballerina op een half been."

Op de laatste dag was een bezoek voorzien aan het Academisch Ziekenhuis van de VU en een ontmoeting met de directeur. Ze kwamen aan in het ziekenhuis en wilden meteen beginnen bij de kinderafdeling. Van de koffie die de Nederlandse collega's hun aanboden zagen ze beleefd af. Het verbaasde ze zeer dat de waterkruiken, die in nissen langs de muur lagen, altijd warm waren en klaar voor gebruik. De Russische collega's werden naar de operatieafdeling geleid, om hun de trots van het ziekenhuis te laten zien: de allernieuwste operatietafel ter wereld. Na een uitvoerig verhaal over de mogelijkheden van deze tafel en de zeer gecompliceerde operaties die hierop konden worden verricht, kwam één van de Russische dokters naar Marcella toe: "Wilt u mijn collega vragen of hij weet dat er ook nog andere mogelijkheden zijn? Op zo'n tafel doe ik al twee jaar operaties…" Ook Savtsjenko, de minister van gezondheidszorg van Wit-Rusland maakte deel uit van de delegatie, en hij riep uit: "Ik wist niet eens dat de USSR de rest van de wereld zo ver vooruit was!" Het was echter geen afgunst, maar de wens tot nauwe samenwerking, tot uitwisseling van ervaring en vriendschap, die voelbaar was in de omgang van de collega's uit beide landen.

Het verhaal was hiermee niet ten einde. Op de laatste dag van het congres zou een afscheidsbanket plaatsvinden. Door de Russische leiding was voor de leden van de eigen delegatie geen geld uitgetrokken voor het banket. Voor hun bescheiden budget was dit een te groot bedrag. Men had gemeend dat de artsen op reis gingen voor hun werk, en niet voor een leuk uitstapje. De organisatoren van het congres waren heel verbaasd en vroegen Marcella waarom de Sovjetdelegatie weigerde aan het banket deel te nemen. Het antwoord van de artsen was kort: "Wij zijn hier naartoe gekomen om te werken, om ervaring op te doen. Wij hebben geen privéklinieken en onze salarissen zijn bescheiden." De leider van het organisatiecomité van het congres zinde dit helemaal niet. Hij besloot de delegatie persoonlijk uit te nodigen voor het feestelijke diner. "Komt allen vanavond, ik zal u opwachten." Bij het congrescentrum van de RAI stopten dure auto's. Hieruit stapten de gasten, in rok en vergezeld van fraai geklede vrouwen. Op de receptie wist men niets van een Russische delegatie. De organisator was niet te vinden en de Russische artsen moesten onverrichterzake vertrekken. Ze reden terug met de tram, zwijgend, de hele stad door. Een van de deelnemers aan de delegatie stelde toen maar voor om naar een net uitgekomen erotische film te gaan. Het voorstel werd geaccepteerd. Zo belandde de delegatie in een donkere bioscoopzaal. Ze zaten allemaal op één rij. Tijdens de film kreeg Marcella een briefje overhandigd: "Dank u wel! Wat zijn we blij, dat het congres in Nederland gehouden wordt! Bedankt voor de film!"

De volgende dag was de organisator van het congres ontsteld over het gebeurde: "Hoe kan ik mijn fout goed maken?" Marcella: "Wat gebeurd is, is gebeurd. Dit blijft pijnlijk. Schrijft u maar een brief om uw oprechte verontschuldigingen aan te bieden."

Dit soort ontmoetingen is er heel wat geweest. De toeristen kwamen uit de hele Sovjet-Unie, uit de verschillende republieken van het land. Het is simpelweg onmogelijk ze allemaal te noemen. Ongetwijfeld zullen deze mensen hun reis naar Nederland nooit vergeten. En Marcella, nu al 50 jaar later, denkt nog steeds met warmte aan hen terug.

HERINNERINGEN

Marcella's echtgenoot Eric was tijdens de Tweede Wereldoorlog koerier bij het Verzet geweest. Hij bezorgde op geheime adressen illegale lectuur, vooral tijdschriften en kranten met het laatste nieuws van het front, en ook bonkaarten voor levensmiddelen en identiteitsbewijzen voor Verzetsmensen. De koeriers in de oorlogsjaren waren voornamelijk jonge meisjes. De meest onverschrokkene van hen – Hannie Schaft, het meisje met de rode haren – was bijzonder actief in Erics eigen stad. Voor meisjes was het makkelijker om ongehinderd over straat te gaan, zelfs tijdens spertijd. Jongemannen werden regelmatig gearresteerd en naar Duitsland afgevoerd om er te werken. Voor zijn activiteiten krijgt Eric nog steeds een oorlogstoeslag op zijn pensioen, en het tijdschrift *De Koerier*, dat materiaal over de oorlog publiceert.

    Een jaar of tien geleden verscheen er in het tijdschrift een verzoek aan mensen die Russisch kenden om te reageren. Het verzoek ging uit van een Nederlandse vrouw die naar Israël was geëmigreerd en haar familieleden in Duitse kampen was kwijtgeraakt. Vele jaren na de oorlog had zij brieven ontvangen, door haar familieleden nog in het kamp geschreven, vol van hoop op een zeer spoedige bevrijding en de terugkeer naar huis. Gevangenen gaven elkaar vaak zulke brieven in bewaring, voor het geval dat ze zelf zouden omkomen. Deze brieven waren in het Russisch. De vrouw was voor de Dodenherdenking naar Nederland gekomen en bezocht het gezin Mol. Toen de brieven vertaald waren vertrok de vrouw. Niemand haalde het in zijn hoofd om over betaling te beginnen. Enige tijd later kwam er uit Israël een brief. In de envelop zat een officieel certificaat van het bekende gedenkbos YITZHAK RABIN, waar ook namens Marcella twee bomen waren geplant. Dit certificaat wordt zorgvuldig in het familiearchief bewaard.

Een jaar na de dood van Nell, in 1991, kwam er een telefoontje uit het bejaardenhuis waar zij de laatste jaren van haar leven had doorgebracht. Het was de directeur: "Uw moeder heeft zoveel verteld over de USSR. Misschien kunt op de herdenkingsdag komen en haar verhaal voortzetten?" Het leek een goed idee. Marcella haalde haar vriendin Wera van het Russische ensemble erbij. Zij hielp met theeschenken en met het klaarzetten van de confiture en de beschuitringetjes, die ze de dag tevoren speciaal hadden gekocht bij de Russische Handelslegatie. Behalve voor een echte Russische theetafel, had Marcella ook nog voor een surprise gezorgd. Ze had een kennis van haar, een Russische musicus, uitgenodigd om voor de bejaarden op te treden. Sergei zag zich met zijn conservatoriumopleiding genoodzaakt om op straat te spelen, naast het Concertgebouw, om in zijn levensonderhoud te voorzien. Het werd een concert in twee delen. Vóór de pauze speelde Sergei Russische muziek op zijn accordeon, en daarna ging hij aan de piano zitten en klonken Nederlandse liedjes die iedereen kende. Het was een heel leuke en mooie avond. Het was alleen jammer dat de uit Moskou meegebrachte grote samovar met donkerblauwe en witte bloemen stuk was gegaan. Zo een kun je nu nergens meer vinden.

In 1995 bereikte Marcella de leeftijd die in Nederland als pensioengerechtigd geldt. Voor haar bracht dit getal maar weinig verandering in het leven, en al helemaal geen vermindering van haar activiteiten. Haar man Eric, met wie zij haar hele leven heeft gedeeld en die altijd dichtbij haar is gebleven, was zo geroerd door dit gebeuren, dat hij een heel emotionele brief schreef. Deze brief was gericht aan de jarige en ook aan het hele gezin Mol. Daarin staan prachtige, indringende regels: "...maar wordt ze al volwassen op haar elfde jaar als de wereldbrand ook het land bereikt waar ze geboren is, de Sovjet-Unie. Ze wordt weggerukt uit het leven met haar vriendjes en vriendinnetjes, haar schoolplein, haar huiselijke omgeving in Charkov en wordt met ouders en broer onder erbarmelijke omstandigheden richting de Oeral getransporteerd ... een leven kortom, een harde realiteit, die ook een volwassene niet aan zou kunnen. Zij was toen dertien. En zij was al volwassen." En verder, over de betekenis van die zware oorlogsjaren: "Die tijd en de tijd daarna heeft haar gevormd tot degene die zij is, iemand die niet opgehouden heeft zich op te offeren voor anderen –

voor haar moeder, voor mij, voor onze twee fijne jongens en voor onze kleinkinderen."

In 2006 vierde de TPO-fabriek in Charkov haar 75-jarig bestaan. Marcella en haar zoon Vasili werden uitgenodigd voor de viering van het jubileum. Zij waren aanwezig bij de feestelijke bijeenkomst. Hier werd met veel warmte gesproken over Koos Janovitsj, en kwamen allerlei mensen naar voren met herinneringen. Moeder en zoon bezochten ook het Specialistenhuis, waarin het gezin Visch vóór de oorlog had gewoond. Na deze reis besloot de zoon van Marcella, die in Nederland altijd Bas genoemd werd, dat het Vasili moest zijn. Zózeer was hij vervuld van trots op zijn grootvader en op alles wat deze had gedaan voor de Sovjet-Unie, zoals het land toen heette.

In 2011 kreeg Marcella voor de tweede keer een uitnodiging om naar Kemerovo te komen, voor de feestelijke viering van het 90-jarig jubileum van de AIK. Voor het eerst was ze daar in 1987 geweest, met haar broer en haar man. Ditmaal hadden de organisatoren de kinderen van de kolonisten uitgenodigd. Men had zich zeer serieus op het feest voorbereid. Er waren twee schitterende jubileumboeken uitgebracht onder de gemeenschappelijke naam *Het Onbekende Kemerovo*, met een uitvoerige beschrijving van de geschiedenis van de kolonie, en een selectie van foto's van leiders van de AIK en van de gewone kolonisten. Daartussen vond Marcella ook haar ouders. Het eerste boek bevat verhalen en foto's. In het tweede boek zijn documenten opgenomen van de laatste jaren van de kolonie. Over dit unieke experiment in de geschiedenis van Rusland werd een documentaire gemaakt.

Het was moeilijk om tot deze reis te besluiten. Ze was net 80 geworden. Een dergelijke tocht is een hele onderneming. Bovendien was haar man ziek. Hoe kun je hieraan beginnen? In de winter, naar Siberië. Tezelfdertijd begreep Marcella dat zij waarschijnlijk in haar leven geen andere kans meer zou krijgen om daar te komen, in aanraking te zijn met de herinnering aan haar ouders, dingen te horen over hun tijd daar. Haar kleinzoon Eelco hielp haar de uitnodiging aan te nemen en de reis te ondernemen. Hij bood aan zijn oma naar Rusland, naar het jubileum, te begeleiden. En natuurlijk zou Marcella er nooit spijt van krijgen dat ze toch zijn gegaan.

Het vliegtuig landde om 5 uur 's morgens op het vliegveld van Kemerovo. Het was nog donker. Maar aan de trap van het vliegtuig stonden al mensen te wachten met bloemen. Bijzonder ontroerend was een vrouw met een klein dochtertje op haar arm. Het meisje heette Olesja. Van haar kreeg Marcella een wit haasje met een rood sjaaltje. Elke keer met Nieuwjaar staat dat haasje nu onder de kerstboom.

Het was verbazingwekkend dat de hele stad van de kolonie wist, van het jubileum en het feest. In de mijnwerkerszaal was een ontmoeting georganiseerd met medewerkers van het bedrijf. De bijzonder warme ontvangst was onvergetelijk. Iedereen kreeg de gelegenheid in de mijn af te dalen en kon ook de andere bedrijven die door de kolonisten in 1922 waren gesticht bezoeken. Over de omvang van deze bedrijven kon je enthousiast zijn. Ze waren nu zo gigantisch groot en succesvol geworden, dat ze de uitgebreide viering van het 90-jarig jubileum van de kolonie die de grondslag ervoor had gelegd wel konden financieren. Uit de mijn wilde Marcella twee brokjes steenkool hebben. Die nam ze mee voor haar man Eric.

Bij hen in het hotel verbleven jonge sporters, die hierheen gekomen waren voor wedstrijden. Zij keken allemaal op televisie naar de feestelijkheden. De ouders die hen begeleidden vroegen Marcella op hun kamer te komen en iets te vertellen over Nederland. Dit was heel ontroerend.

Alle gasten werden omringd met aandacht, zorg en warmte. Ze bezochten twee concerten met symfonische muziek in het conservatorium van Kemerovo, en gingen naar het voornaamste theater van de stad voor een musical, gewijd aan de geschiedenis van de kolonie. Hun hotel bevond zich in een nieuwe stadswijk, gebouwd volgens een ontwerp van moderne Nederlandse architectuur. Bij alle ontmoetingen waren studenten aanwezig van de Nederlandse afdeling van de Talenfaculteit van de Universiteit van Kemerovo. Zij hielpen de gasten met vertalen. De gasten werden ook uitgenodigd voor een ontmoeting met leerlingen van een internaat. Deze ontmoeting werd georganiseerd door de redacteur van het museum De Rode Heuvel, gewijd aan de geschiedenis van de AIK. Bij de ontmoeting waren enkele tientallen leerlingen van verschillende leeftijden aanwezig. Zij luisterden met enorme interesse naar de gasten en wilden geen woord missen.

Voor de ontmoeting hadden zij tekeningen gemaakt. Een elfjarig meisje schonk de tekening *Het AIK-huis*. "Dat is het huis van mijn ouders!" – riep Marcella uit. Zij had zich ook op deze ontmoeting voorbereid en had als souvenirs keramische klompjes meegenomen – het traditionele schoeisel van de Nederlandse boeren. De kinderen deden hun vingers erin en begonnen er eendrachtig mee op tafel te tikken. Heel gauw was alle twijfel bij Marcella verdwenen en wist ze dat ze niet voor niets was gekomen. Later herinnerde ze zich: "En ik heb nog wel getwijfeld of ik moest gaan of niet!"

Op het grote slotconcert dat voor de gasten was georganiseerd, trad een Russische zangeres op, die afkomstig was uit Kemerovo, maar sinds lang in Nederland woonde. Een meisje van het museum had voor haar een boeket bloemen klaarliggen, dat door Marcella's kleinzoon Eelco werd overhandigd met de woorden: "Groeten uit Holland."

Op 9 mei 2015 vierde de hele wereld het 70-jarig jubileum van de overwinning in de Tweede Wereldoorlog. Voor het Russische volk, en voor de vele volkeren van de voormalige Sovjet-Unie, is dit de Dag van de Overwinning in de Grote Vaderlandse Oorlog. Op deze vreugdevolle en gelukkige dag wellen bij velen tranen op. In bijna elk gezin zijn dierbaren – grootvaders, vaders, broers en zusters – om het leven gekomen, spoorloos verdwenen of gesneuveld.

Op een begraafplaats bij Amersfoort is een groot veld toebedeeld aan de graven van Sovjetsoldaten. Dat waren krijgsgevangenen die vlak voor het einde van de oorlog waren gefusilleerd door de Duitsers. Ieder jaar komen op deze Dag van de Overwinning mensen bijeen, die de gedachtenis in ere houden aan de gevallenen in deze afschuwelijke oorlog. Mensen van alle generaties en afkomstig uit vele landen komen naar de graven van Sovjetsoldaten en leggen er kransen en bloemen. Mensen die zich hierdoor aangesproken voelden, zowel Nederlanders als in Nederland wonende Russen, hebben veel van deze graven onder hun hoede genomen. Met behulp van de Stichting Russisch Ereveld hebben ongeveer honderd naamloze graven namen gekregen en is het voor familieleden mogelijk geworden de graven van hun dierbaren te bezoeken. Ieder jaar worden hier plechtige toespraken gehouden, bewijzen de aanwezigen eer aan de heldendaden van de Sovjetsoldaat, en denken zij terug aan alle eenvoudige mensen op wier schouders het land steunde en stand hield in die zware jaren. Jaren die een voelbaar litteken hebben nagelaten in heel hun verdere leven. Heel diep bleek dit litteken bij de "kinderen van de oorlog", tussen wie Marcella is opgegroeid, en met wie zij alle leed en ontberingen had gedeeld.

Na het bezoek aan de begraafplaats is het een vaste traditie met de hele familie naar een restaurantje in de buurt te gaan. Ditmaal was in de zaal ernaast Russisch te horen. Daar aan tafel zaten ongeveer twintig mensen. Marcella ging naar ze toe: "Mag ik even bij u zitten?" En natuurlijk kwamen er meteen vragen: wie zij was, waarvandaan, waarom spreekt u zo goed Russisch? Toen ze dat in het kort had verteld, begonnen de mensen nog meer te vragen. Herinneringen aan de oorlog kwamen boven. In deze zaal was Marcella de oudste, en was zij de enige die de oorlog had meegemaakt. Ze memoreerde hoe de trein gebombardeerd werd, de honger tijdens de evacuatie, de ondraaglijk zware, heroïsche arbeid van de mensen in het achterland. De mensen aan tafel vertelden verhalen over hun familie, hun dierbaren. Ze waren uit verschillende landen hier naartoe gekomen. Velen niet voor het eerst. Ze waren gekomen om eer te bewijzen aan de gevallenen. Aan hen die hier, op Nederlands grondgebied, en in andere landen gevallen waren. Zelf kwamen zij uit Rusland, Oekraïne, Kazachstan. Allemaal spreken ze een en dezelfde taal, allemaal hebben ze hetzelfde leed gemeenschappelijk. Ook al is het 70 jaar geleden, de pijn is daarom niet minder. En als er ergens op aarde nog steeds oorlog is dan betekent dat voor hen dat ze moeten doorgaan elkaar te ontmoeten, te herinneren. Opdat de oorlogen zullen stoppen, opdat de mensen ermee op zullen houden elkaar te vermoorden. Hier aan tafel, in een gezellig Nederlands restaurantje, bleven de mensen die elkaar toevallig of niet toevallig hadden ontmoet lang praten, zingen en huilen vanwege de emoties, die hen overspoelden.

EPILOOG

Alles in Marcella's leven begon nog vóór haar geboorte, met de beslissende stap van haar ouders. Zonder dat zij een eigen gezinsleven thuis in Nederland hadden kunnen opzetten, gingen zij een nieuw land opbouwen. Een land, dat zich in die periode nog niet had kunnen herstellen van de Burgeroorlog, van het verlies van dierbaren, van de honger en de machteloosheid. Een land waar bedrijven en fabrieken verwoest waren, en waar bijna geen specialisten waren overgebleven om de economie weer op te richten. Haar ouders snelden de jonge republiek te hulp. Omdat zij sympathiseerden met de arbeidersmacht die zich in Rusland had gevestigd, met de gelijkheid en broederschap tussen de proletariërs van alle landen die er werd geproclameerd, zagen zij het als hun plicht naar vermogen een bijdrage te leveren aan het herstel van de economie van de eerste arbeidersrepubliek ter wereld.

Toen het eerste project – de oprichting en totstandkoming van de AIK – voltooid was, waren Nell en Koos Visch zozeer deel geworden van alles wat rondom hen gebeurde dat zij zich een leven buiten Rusland niet meer konden voorstellen. Door de jaren heen begrepen zij de Russen steeds beter, begrepen en ondersteunden al wat hen bewoog. Na de AIK gingen zij werken in de buurt van Moskou, waar haar vader zijn kennis en ervaring als ingenieur in praktijk kon brengen. Later werd hem gevraagd naar Charkov te komen, naar de Lenin Machinefabriek. Hier kon hij zich helemaal ontplooien, en daarom verhuisde het gezin met plezier daarheen. Maar de moeilijke tijden waren niet voorbij. In de jaren '30 begon de politieke reactie. In het land heerste angst en ontzetting. De mensen leefden in constante spanning. De jaren van repressie vernietigden of braken de levens van miljoenen mensen. Vele overlevenden van de kampen konden met geen mogelijkheid terugkeren naar het normale leven.

En als je buitenlander was, en nog wel partijlid, geen simpele burger maar iemand met een leidende functie, was arrestatie schijnbaar onvermijdelijk. Welke beschermengel het gezin in die verschrikkelijke jaren heeft behoed, zal wel voor altijd onbekend blijven. Maar een wonder geschiedde. Vrienden waarschuwden Koos Janovitsj net op tijd, en raadden hem aan over te stappen naar een bedrijf in de buurt. En dat hielp. Een tijdlang vergat men hem, "uit het oog, uit het hart", zogezegd. En drie jaar later was alles weggeëbd en kon hij weer naar zijn vroegere werk terugkeren.

Het was een moeilijke periode. Gelukkig merkte Marcella helemaal niets van deze verschrikkelijke tijd – zij was nog te jong, en wat het belangrijkste was: het gezin van haar ouders bleef een ramp bespaard. Pas veel later, toen het Sovjet Unie weer Rusland was geworden, hoorde zij uit de kranten en van haar toeristen over de Stalinistische repressie. Men kan slechts aan de beschermengel van dit gezin toeschrijven dat het bewaard is gebleven voor het gebruikelijke lot van veel buitenlanders in het Rusland van vlak voor de Tweede Wereldoorlog. Nederland lag territoriaal vlakbij Duitsland, dat in oorlog was met het Sovjet Unie en was bezet door de Duitsers. En de Nederlanders die op dat moment in Rusland woonden liepen reëel gevaar tussen de maalstenen van de tijd terecht te komen. Goddank is dit niet gebeurd! Maar de oorlog maaide mensen niet alleen weg op de slagvelden. Tegelijkertijd zwoegden achter de frontlinie en in het diepe achterland miljoenen Sovjetburgers, die hun laatste krachten gaven om wapens te produceren voor het front. Tractorenfabrieken werden omgebouwd voor de productie van tanks, machinefabrieken bouwden vliegtuigen. Textielfabrieken naaiden schoeisel en kleding voor de soldaten. De vrouwen die thuis waren naaiden, breiden en maakten pakketten voor de soldaten aan het front. Het hele land leefde alle vier eindeloze oorlogsjaren onder het devies: "Alles voor het front! Alles voor de overwinning!" Aan de werkbanken stonden tieners, op voet van gelijkheid met de volwassenen. Mannen en vrouwen hadden te weinig te eten, kregen te weinig slaap en bleven dag en nacht doorwerken op hun plek. Voor iedereen was de overwinning in deze verschrikkelijke oorlog van levensbelang. Zo ook voor de vader van Marcella, die op de fabriek al zijn krachten gaf aan de gemeenschappelijke zaak. Daar was ieder mens kostbaar. Maar de gezondheid van Koos Janovitsj had te lijden en toen hij onverwacht ziek werd, was hij daar niet tegen opgewassen. Ook hij werd een standvastig soldaat, die zijn leven gaf voor de overwinning. En later, in de moeilijke momenten, heeft Marcella altijd teruggedacht aan de in Rusland doorgebrachte oorlogsjaren, toen iedereen het moeilijk had, niet alleen hun eigen gezin. En dit gevoel van een gemeenschappelijke zaak gaf de kracht om het te doorstaan en te overleven.

In zo'n land, in zo'n gezin is de bescheiden, compromisloze, eerlijke en rechtvaardige en tegelijk onbuigzame en principiële Marcella opgegroeid. Haar gaan de mensen ter harte en zij zal altijd haar laatste bezit met hen delen. Na zulke beproevingen en opofferingen te hebben doorleefd, bombardementen en honger, de zware arbeid in haar tienerjaren, heeft zij de warmte voor en het vertrouwen in de mensen bewaard. Zij kant zich met jeugdig maximalisme nog steeds fel tegen alle onrechtvaardigheid in de wereld. Staat ieder moment klaar en neemt het onmiddellijk op voor mensen die gekrenkt zijn, en zal nooit aan iemand voorbij lopen, die hulp nodig heeft.

Marcella zegt: "Ik houd veel van het Russische volk! En niet minder van het Nederlandse! Beide landen zijn mij even dierbaar! Beide hebben mij ongelooflijk veel gegeven. En zij zullen mij nooit vreemd zijn." Zij houdt van haar land en van het land van haar ouders. Twee landen – twee liefdes. De ene liefde is onvoorwaardelijk, als die voor haar moeder. De andere liefde is anders, meer volwassen, meer bewust.

Hoewel ze zo vele jaren met Nederlandse toeristen door Rusland heeft gereisd, is het haar nog niet den deel gevallen om te reizen langs de Gouden Ring, een Wolga-cruise te maken langs de oude Russische steden. Dat lijkt vanwege haar leeftijd nu niet meer mogelijk. Maar wie weet? In haar leven is al zoveel onmogelijks gepasseerd. Ze stelt zichzelf reeds voor op het dek van een wit schip, en droomt ervan om echte borsjtsj met donker brood te eten. "En aan het einde van de reis met mijn voeten in de Wolga,"

In haar woning zijn vele plekjes aan Rusland gewijd, of houden op de een of andere manier daarmee verband. Dit geldt ook voor de schilderijen en de foto's aan de wanden. Er is zelfs een hele vitrinekast boordevol met cadeaus van dankbare toeristen. Hier liggen ook twee volle albums, met reacties en indrukken van haar Nederlandse en Russische toeristen. Woorden van dankbaarheid voor de hun geschonken wereld, gedichten en herinneringen aan reizen. Samen met tekeningen, knipsels uit tijdschriften, foto's en vrolijke collages zijn hier ook de liederen te vinden die tijdens een reis zijn geschreven.

Deze herinneringen heeft zij al haar niet gering aantal jaren mee gedragen, samen met haar liefde voor alles wat Russisch is, voor het land en zijn inwoners, die haar hebben opgevoed en die ze nooit heeft vergeten. Door een verbazingwekkende samenloop van omstandigheden, en door de ongewone levensweg van haar ouders en van Marcella zelf, bezit deze Nederlandse vrouw ook die onverklaarbare, voor niet-ingewijden onbegrijpelijke Russische ziel.

Nog altijd begroet zij haar Russische gasten op de drempel van het huis met de woorden: "Hier heerst de Russische geest, hier geurt het naar Rusland!"

Marcella Visch, 5 juni 1930 – 9 april 2019

LITERATUUR

Rutgers – Gertrude en Karl Trintsjer, 1967, uitgeverij Molodaja Gvardia.

Een dame uit Amsterdam – Joeri Zjoekov, 1966,
Tijdschrift "Znamja." Nr. 11, pag. 169 - 179

Interview met Nell Visch-Vermeer – Ageeth Scherphuis, 1966,
Vrij Nederland, pag. 24- 25

Comrade one-crutch – Ruth Epperson Kennel, USA, 1932

Tovarisjtsj Kostyl: Siberische kronieken van de jeugdige David Plammer
R.E. Kennel – Kemerovo, 2008

Interview met Wera Bolander – *Kinderen van toen*, L. van Eck, D. Walda, 1985

Bolsjoj Bill in de Koezbass: bladzijden van internationale betrekkingen –
Jevgenia A. Krivosjejeva. Boekuitgeverij van Kemerovo, 1990

Herinnering van het hart – tijdschrift Productie en Reparatie, materialen van de Conferentie Hefconstructies, 2006

Het onbekende Kemerovo/ The Unknown Kemerovo: 1921-1926
V. Soechatski, uitgeverij Krasnaja Gorka, 2010.

Documentaire "Kemerovo" – 2011

Een beetje vrijheid, C.F.P. Schoorl-Straub, Laren, 1965

"Berg. Of mijn moeder spijt heeft" – televisie rapportage

FOTO'S

Pasgetrouwden Koos en Nell.

AIK-poster.

Zondagmiddag in Kemerovo.

Marcella is 2 jaar oud.
Gerrit Mol Fotoatelier, Haarlem.

Marcella is 3,5 jaar oud
"Ik ben geboren op het platteland en ik ben een groot succes".

Van boven naar beneden: Marcella, Lucia buurvrouw, Wera - Nell's geadopteerde dochter.

De hele familie. De vooroorlogse jaren.

Koos aan het werk in een fabriek. Kharkov 1935-37.

Deze tekening is een symbool van Marcella's leven
tijdens de oorlog in evacuatie.

Een certificaat van de school waarin staat dat Marcella
voor de nieuwe schoenen in aanmerking komt
en kan niet naar de lessen zonder hen.

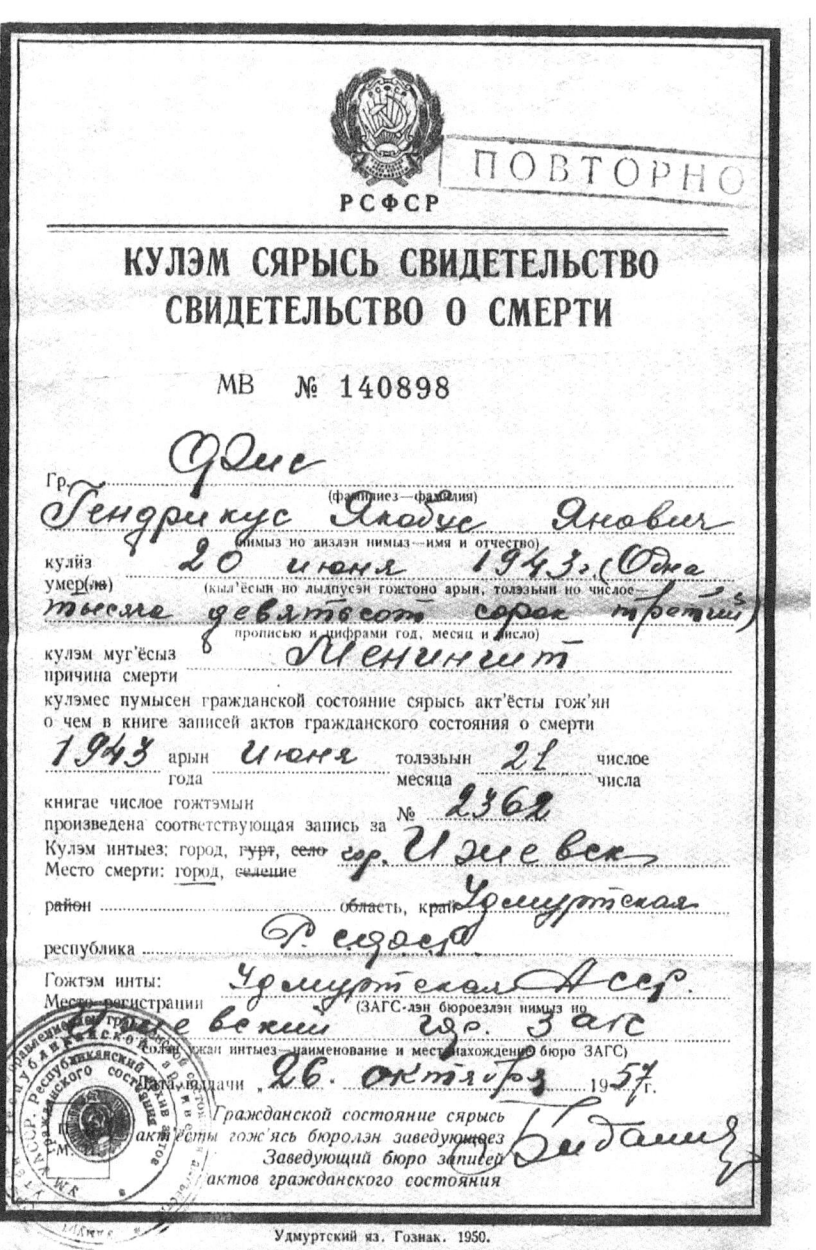

De overlijdensakte van Koos.

Черновцы 4/IV 45 года.

Здравствуйте мои дорогие!
С большой радостью получила письма которые вы мне написали. Вы знаете сколько бодрости мне дало это я было совсем упала духом, а теперь я живу! Я решаюсь ехать в Советский Союз и там остоваться потому что по голландски я писать не могу и начинать с начала я не хочу. Я была 3/IV 45 года уже в поезде что-бы ехать в Голландию, но пришел старичка и сказал мне что-бы я взяла свои вещи и шла обратно в лагерь но я конечно в плачь но потом мне что-то в сердце кольнуло что-что-то меня еще ждет раз меня не пускают в голандию но и вот я прихожу в коммендатуру и мне капитан говорит что-пришла телеграмма из Москвы чтобы меня задержать до приказа на выезд. Тетя Нелли я знала что дядя Коус умер мне сказал тов. старший лейтенант но я не хотела

Wera's brief aan tante Nell.

вам об этом писать. В дальнейшем как думаю то я хочу учиться на всех языках на итальянском я уже начинаю и по мадьярски не много но вообще я не ленюсь, я работаю в сан- части записываю имена и фамилии вообще помогаю, ну теперь следующее:
1. Какое мне будет дано условие как я поеду в Москву?
2. Где я буду жить? в дет-дом я не хочу я уже большая.
3. Кто меня будет кормить и одевать? вот об этом я задумываюсь очень много вы мне все напишите об этом если вы знаете потому что я очень хочу до Вовы и Марселлы обратно но не зная об условиях я еще так-сяк. вы понимаете меня тетя Нелл. ну для вас все пишу теперь для Вовы и Марселлы.

Мои дорогие Марселла и Вова я слышала что вы уже большие и красивые стали особенно Вова но я тоже не отстала от вас если б ты увидала то ты б сказала Марселла да это не ты Вера я тебе

шлю мою так назвать картинку или портрет конечно я не капитан но форму имею все ещё военную но я надеюсь вы меня еще увидите ещё. Пока досвидание целую крепко-крепко
Вера Боландер

Черновицы 4/IV 45 года.

Wera's brief aan tante Nell (vervolg).

Marcella in Holland. 1947.

Krasnaja Zwjezda (Rode ster) Zang en Dans Ensemble.

Als concentratiekampgevangenen ontmoetten de Sovjetvrouwen daar hun toekomstige Nederlandse echtgenoten.

Omslag van het tijdschrift Znamja met een artikel van Y. Zjoekov "Twee ontmoetingen" over Nell en Marcella.

за днем вести репортаж из самой гущи русской революции, и меня невольно охватывает чувство хорошей творческой зависти.

Янг говорит мне:

— Да, вы знаете, Филипп сейчас работает над новой книгой о своем пребывании в России. Я уверен, это будет интересная книга.

— Поживем — увидим, — откликается русской поговоркой Прайс.

Завтра утром он снова усядется за письменный стол.

ДАМА ИЗ АМСТЕРДАМА

Наш шумный, недовольный и бунтующий туристский табор угрюмо перекочевывал из Бельгии в Голландию. Мы были злые, голодные, мокрые — без конца лил надоедливый холодный дождь, и весь белый свет нам был не мил. Как это иной раз случается, что-то с самого начала не заладилось, а потом все пошло хуже и хуже, и настроение у участников нашей поездки было безнадежно испорчено.

Что ожидало нас в Роттердаме? Поглядывая на беспросветное грязно-серое небо и на залитые водой поля за окном вагона, мы сетовали на судьбу, испортившую нам поездку. Поезд пересек широкую мутную реку, ворвался в большой современный город, потемневший от дождя, и остановился у мокрого вокзала.

— Добро пожаловать, — сказала на отличном русском языке миловидная черноволосая женщина в плаще и с зонтиком, стоявшая на перроне как раз у выхода из нашего вагона. — Примите извинения за этот дождик, но на завтра наша фирма гарантирует вам солнце...

Мы заулыбались: наша до сих пор не очень радостная туристская судьба переходила из рук обычной коммерческой конторы в руки туристской фирмы, созданной обществом дружбы «Нидерланды — СССР». А наша новая знакомая продолжала:

— Давайте познакомимся. Зовут меня Марселла. Марселла Фис, а Фис по-русски — рыба. Мы с вами будем путешествовать пять дней, а сейчас отправимся завтракать в лучший ресторан Роттердама...

Марселла и впрямь оказалась чародейкой: все у нас пошло как по маслу, поездка по Голландии была увлекательной, обслуживание не оставляло желать ничего лучшего, и даже солнце, представьте себе, выглянуло назавтра и уже не покидало нас до самого конца путешествия. Нам действительно повезло: как выяснили мы потом, Марселла вовсе не гид — она ведает в туристской фирме приемом советских туристов, и хлопот у нее полон рот, но когда возникает хоть малейшая возможность показать нашим людям Голландию, она сама берется их сопровождать, — есть у нее на то свои особые причины. О них-то и пойдет сейчас речь...

Меня сразу же удивила одна странная деталь: Марселла отлично говорит по-русски, хоть и с легкой голландской картавостью, но все время чудилось, что в самой основе ее произношения лежит совершенно неистребимый украинский акцент: мягкое «г», певучие гласные, глубокое придыхание на шипящих. И я в первый же день в шутку спросил ее:

— А вы, часом, не из Харькова?

В глазах у Марселлы мелькнуло изумление.

— А вы откуда это знаете?..

— Догадываюсь. Я и сам там жил в тридцатые годы...

— О, это долгая история. Если хотите, мы вернемся к ней позже. Вообще-то я чистокровная голландка, но родилась в Тайнинке, под Москвой. росла действительно в Харькове, а голландский язык изучала уже в зрелые

7 XII 1968.

Дорогая Марселла!

Хотя прошло три года, как наша группа туристов побывала у Вас в гостях, я не забыл нашего "гида".

Доказательство — этот журнал. Здесь на стр 169-179 идёт речь о Вашей семье.

Желаю всего хорошего Вам, Вашей моме, супругу и сыновьям.

С приветом

уважающий А. Киселев.

Brief van een toerist uit de USSR.

Года в Харькове на заводе имени Ильича, а в 41 были эвакуированы на Алтай и я лучшем в Ижевском заводе, отца я вам сейчас и ищу. Прошло около 30ти лет, с Виталием после всю войну всё все дороги: Мехр, Роод и это Волово. Они были дерзки и новеньких разжиться, в Харьков я мила в заводском библиотеке, солими на территорию завода, по заводским библиотекам, и мой Михаил Петрович ещё работал в кабинете военкома. Эхо завода. Всех я знаю. Меня зовут Анна Захаровна, Хотя Анна Захаровна, одну нетерпимо ми эвакуированы хвои, что были тяжёлый год

войны и мы вместе всяких и все люди переживали и холод и голод, о котором без слёз невозможно вспоминать непросто много страдал, что бы все видеть. В 43-году забрали всех наших Року и моего Михаила Володю. Он умер или только больным как мы его хоронили и какие были тяжёлые после утраты человека, потерять много сделано и подобного мы всех не могли разделить эмоциональном чаще, так как побоев в аналогичном он нам, так как все места были заняты в наивысшем Володю. И все это для того, что-бы был болящий меня. Более подобное какому была, когда люди от всех сильён на лиц мыслителе Володина простая

Здравствуйте дорогая ...
Пишу Вам третье письмо
мое письмо вернулось почему-
а второе не жду, что вернется
если б вы его получили, то я
безусловно получила бы ответ
надо возможно исправленное
но вот недавно я получила
адрес из Москвы от двух
друзей из Жукова, все должны
тут как он был у вас и жи[л]
приехал, то написал обо всё и
был Даня из Александровска
нас были дальние родственники и
знаем этих людей, чтобы ответ
меньше. И вот я против это[го]
жаль ему, а такое без ответа
оставить в глазах людей,
в следующую что ответ [...]
так как близкие знак[омые]

Вам прислать ваши фотографии
лучше давно на память, но ту[т]
себя очень хорошо. Маме уже у нас
четыре года как умер, а о всех
своих вот уже 30 лет как я ничего
не знаю. Живу одна в хорошей
квартире, имею очень много друзей
с большими интересными буду
недавно вашего ответа.
Будем здоровы и счастливы
ждущ[ая] ваш друг Анна Захаровна.

От всего своего сердца посылаю
привет и лучшие пожелания
Марианне и Володе.

Жду ответа.

11/IX-1962 г. Здравствуйте ЛССР
г. Поневеж 205 Пушкинская дом
67164 кв 8 Сендерова Анна Захаровна

Vervolg van de brief.

Russische toeristen uitzwaaien op een cruise. Amsterdam.

Ensemble Berjozka.
Marcella vergezelde hem op de reis en getolkt bij de concerten.

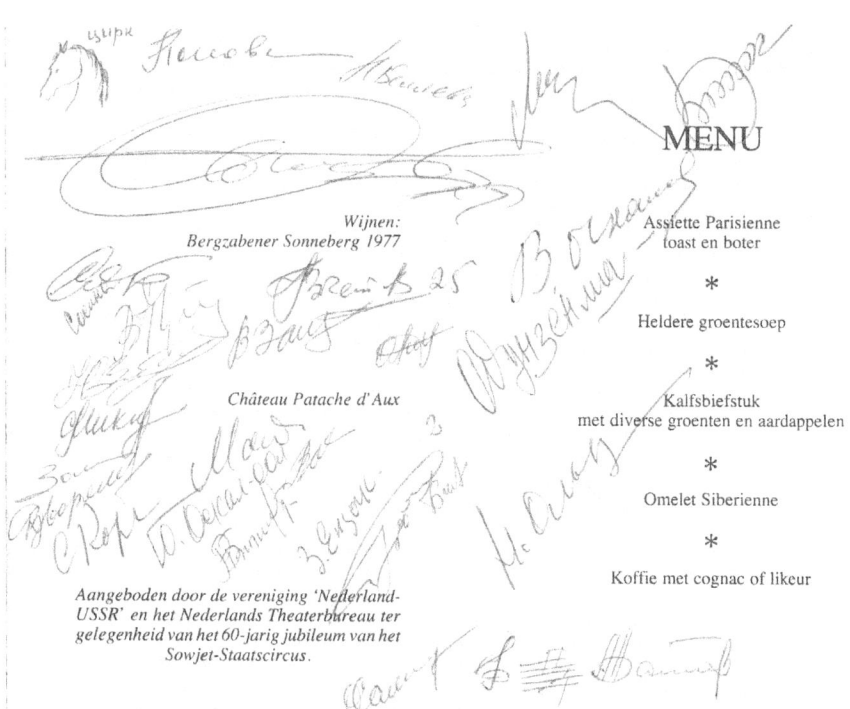

Ensemble Berjozka. Marcella vergezelde hem
op de reis en tolkte bij de concerten.

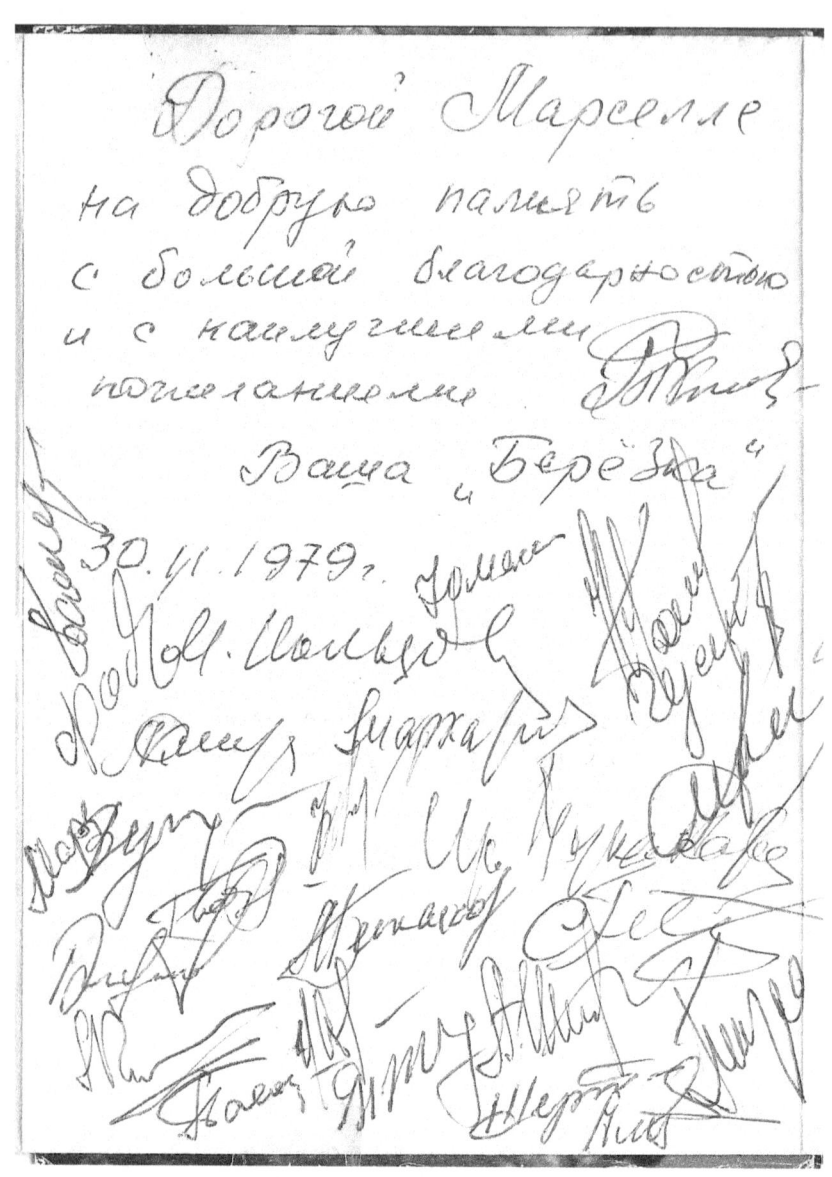

Bedankt van Berjozka.

Portret van Marcella geschilderd
door de kunstgroep Koekryniksy.

Een tekening van de kunstgroep Koekryniksy.
Een les van Nederlandse schoolkinderen op Rembrandt's schilderij "De Nachtwacht".

Wensen aan Marcella van de kunstgroep Koekryniksy.

Russische toeristen vergezeld door Marcella in Zaandam
bij het monument voor Peter de Grote.

СОЮЗ СОВЕТСКИХ ОБЩЕСТВ ДРУЖБЫ И КУЛЬТУРНОЙ СВЯЗИ
С ЗАРУБЕЖНЫМИ СТРАНАМИ

Москва, Ч-9, пр. Калинина, 14   тел. Г 4-30-37

Медицинская секция   (При ответе ссылайтесь на наш номер)

"6" XI 1967 г.
№ 16-10

Марселе Мол
Общество "Нидерланды-СССР"

Дорогая Марсела!

Вечером 2 октября наша группа благополучно вернулась на Родину, на следующий день все мы собрались в Доме дружбы, чтобы поделиться впечатлениями о поездке в Нидерланды и Бельгию. Много интересного и полезного получили наши врачи от этой поездки.

Большое русское спасибо за все Ваши хлопоты и дружеское участие.

Передаю от группы и себя лично самые наилучшие пожелания Вам, детям и супругу.

Надеемся на скорую встречу в Москве.

Передайте, пожалуйста, привет Вилли и Антону.

Руководитель тургруппы
Ответственный секретарь
медицинской секции

доктор К.Лухменская

1—500

Brief van een groep artsen uit de USSR.

Marcella begeleidt de groep op een rondvaart door de Amsterdamse grachten.

In nationale Nederlandse klederdracht
in het vissersdorp Volendam.

Marcella was aan het tolken tijdens de optredens voor Oleg Popov's circus.

kinderen van toen

*Kom vanavond met verhalen
hoe de oorlog is verdwenen,
en herhaal ze honderd malen:
alle malen zal ik wenen.*
  LEO Vrooman:

*Geschonken uit dankbaarheid,
en als herinnering aan de tijd
die ik bij U door mocht brengen.*
  Uw Wera.

Uittreksel uit het Nederlandse boek Children of War Onder: Wera's dank aan haar tante Nell, die haar na de oorlog in huis nam.

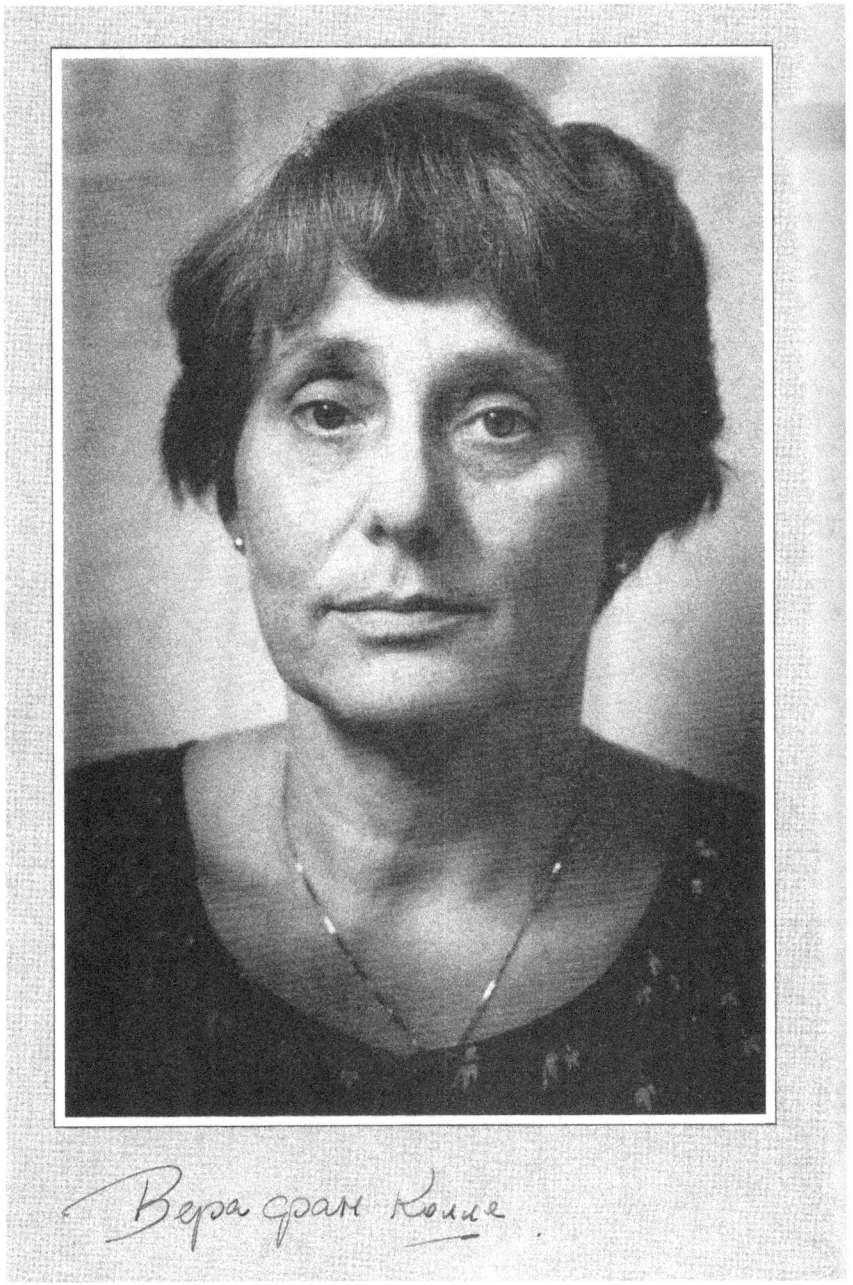

Wera. Dochter van Nederlanders die in het concentratiekamp Auschwitz belandde. Na de bevrijding van het kamp werd ze opgevoed als een geadopteerde dochter in het gezin van Marcella.

Met een groep Nederlandse boerinnen in een pionierskamp.

                                        Docentenreis Moskou
                                        21-26 februari 1982

Marcella, leidster van groep één,
Je hebt beslist geen hart van steen!
Dat merkten we deze dagen
Waardoor ze konden slagen.
Je 'dobroje oetro' iedere morgen
Beloofde ons een dag zonder zorgen.
Naar het theater, circus, school; je was de tolk
Tussen ons en het Russische volk!
Marcella, we zijn in Moskou geweest,
Het was voor iedereen op zijn eigen manier een feest.
Eén van de dames was paraat
En hanteerde tijdens de vlucht naald en draad.
Er staat in je eigen taal
De dank van ons allemaal.
Daarbij een lekker geurtje als souvenir
En een dikke zoen, uit naam van ons allen hier!

Een gedicht van een Nederlandse toerist,
geschreven en geborduurd in dankbaarheid aan Marcella.

АКАДЕМИЯ НАУК СССР
ГЛАВНЫЙ
БОТАНИЧЕСКИЙ САД

Москва И-276, Ботаническая ул., 4.   Тел. 181-91-30, 181-90-08

№ 223-645   15 января 1973 г.

Mrs. M. Mol
"Vernu-Reizen"
Utrechtsestr. 48
Amsterdam
Holland

Дорогая Марселла,

    Мы благополучно возвратились на родину. Все наши товарищи полны приятных впечатлений от путешествия в Голландию, которое позволило им познакомиться с достопримечательностями и жизнью этой интересной страны, а также посмотреть и узнать очень много интересного в сфере их творческой деятельности.

    Нет никакого сомнения в том, что такой успех в значительной степени был достигнут благодаря Вашей энергии, большому организаторскому опыту и личному обаянию.

    Я знаю, что Вам многие признавались в любви и выражали глубокие чувства симпатии и восхищения, но мне хочется еще раз повторить Вам, что сотрудничать, общаться и дружить с Вами доставляет большое удовольствие и радость. Очень счастлив, что поближе познакомился с Вами.

    От души желаю Вам благополучия и больших успехов в Вашей благородной деятельности во имя дружбы между нашими народами и странами.

    Искренний привет Вашему милому супругу

    Крепко обнимаю Вас обоих

               Ваш

                Н. Лапин

P.S. Передайте Ваш привет и благодарность от моей супруги за внесенный подарок.

Н.Л.

**Bedankbrief aan Marcella
van de Botanische Tuin van Moskou.**

Meppel, 3 januari 1989

V O O R   M A R C E L L A

Zo in je lange of korte leven
kruisen veel mensen eens je pad.
Velen zijn er dan maar even
en sommigen die doen je wat.
Marcella, mij heb je wat gedaan
en heel vaak zie ik je dan staan,
als een rots is de branding,
gereed bij elke bus of landing.
Met die twinkelende bruine ogen,
onder die hoge wenkbrauwbogen,
kijkend op ieders welbehagen,
om wél te doen, zonder vragen.
Marcella je bent reisgids nr één.
Zoals jij, is er geenéén.

ode aan Marcella
   van

Thea de Wolde-Rieff

**Een gedicht van een dankbare toerist
na een reis naar de USSR.**

 DIERGAARDE BLIJDORP

19 mei 1983

Intourist Reizen
Tav. Mevrouw M. Mol
Diemerkade 59
1111 AC Diemen

Zeer geachte Mevrouw Mol,

Hoewel ondergetekende U namens de gehele groep tijdens het afscheidsdiner heeft bedankt, zou ik langs deze weg U persoonlijk mede namens mijn echtgenote nogmaals mijn dank willen uitspreken voor hetgeen U voor de Blijdorp-groep heeft betekent.
Het was, mede dankzij U, een enorme belevenis welke wij niet graag hadden willen missen.
Zoals afgesproken zend ik U separaat een pakketje met enige dassen, shawls en Gidsen voor de medewerkers in de Moskou Zoo.
Mocht U het niet in één keer kunnen meenemen dan misschien in twee keer.
Wij zullen in een bedankbriefje aan de directeur van de Moskou Zoo berichten, dat een en ander er aan zit te komen.
Mocht U eens gelegenheid hebben Diergaarde Blijdorp, de nationale Zoo met internationale bekendheid te bezoeken, dan vernemen wij dit gaarne van U. De poort staat voor U open.
Met nogmaals onze dank, verblijven wij met vriendelijke groeten van huis tot huis,

hoogachtend,

K. van Zwieten
Hoofd afd. Voorlichting & Publiciteit

Dankbetuiging aan Marcella van Diergaarde Blijdorp voor haar hulp bij het organiseren van de samenwerking met de dierentuin van Moskou.

Marcella,

Herinnering aan Holland

Denkend aan Holland
zie ik brede rivieren
traag door oneindig
laagland gaan,
rijen ondenkbaar
ijle populieren
als hoge pluimen
aan de einder staan;
en in de geweldige
ruimte verzonken
de boerderijen
verspreid door het land,
boomgroepen, dorpen,
geknotte torens,
kerken en olmen
in een groots verband.
de lucht hangt er laag
en de zon wordt er langzaam
in grijze veelkleurige
dampen gesmoord,
en in alle gewesten
wordt de stem van het water
met zijn eeuwige rampen
gevreesd en gehoord.

H. Marsman, *Verzameld werk*

Denkend aan Rusland
zie ik grote pleinen
waaraan prachtige
oude gebouwen staan,
rijen ontelbaar
vele mensen
naar de ingang
van het Mausoleum gaan;
en in het hartje van Moskou
het Kremlin, het GUM
de Basilius
aan het Rode Plein,
langs de spoorlijn
dorpjes, fabrieken,
moerassen,
de berken fijn
in groepen bijeen.
de lucht was er blauw
en de zon zakte langzaam
in een kleurige wolkenrij,
en met deze gedachten
blijf jij, Marcella,
met je liefde voor Rusland
in herinnering bij mij.

Lydia van Ommeren-Westerveld
Diepenheim, 15-22 okt. 1998

Een gedicht van een dankbare toerist Lydia
van Omeren-Westerveld, overgeschreven uit
het beroemde gedicht van H. Marsman.

Воспоминания о Голландии

Думая о Голландии
Вижу я широкие реки
Текущие медленно
По бесконечным низинам
Ряды немыслимо
Стройных тополей
Словно плюмажи
Стоят на горизонте;
И в громадном
Пространстве утопают
хутора разбросанные
по стране,
перелески, деревушки,
куцые башенки,
церкви и вязы
в величественном единении
Небо низкое
И солнце медленно
захлебывается
В расцвеченом тумане,
И со всех сторон
слышится
Пугающий голос воды
Несущий вечную беду.

Г. Марсман, *Собрание сочинений*

Марселла,
Думая о России
Вижу я большие площади,
В окружении пышных
Старинных зданий,
Очереди
бесчисленных людей
перед входом
в Мавзолей;
а в сердце Москвы
Кремль, ГУМ,
Василий Блаженный
На Красной площади.
Вдоль железной дороги
Деревни, заводы,
болота, поля,
березки-красавицы
собрались в деревнях.
Небо было синим
И солнце медленно тонуло
В окрашенных облаках,
С такими думами
Останешься ты, Марселла,
С твоей любовью к России
В моих воспоминаниях.

Лидие ван Оммерен-Вестервелд

Дипенгейм, 15 – 22 октября 1988 г.

Vertaling van een gedicht.

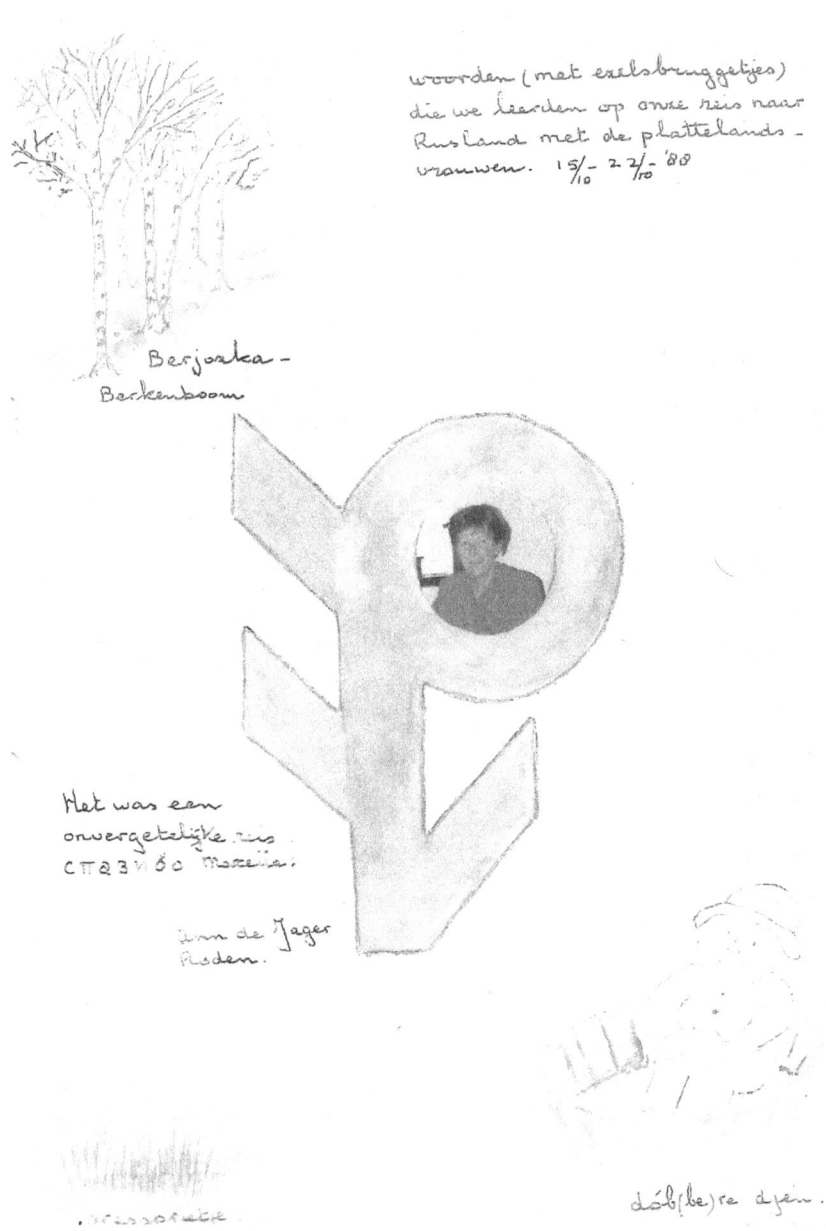

Dankbaarheid van een Nederlandse vrouwelijke toerist van een landbouwgroepering.

Марселе Молфисх

Те мгновенья прекрасного, будто-бы сна,
Воедино сплелись, чтобы вылиться в строчки!
О, Голландия! Сотканная весна!
Я на встрече с тобой не хочу ставить точку!

Ветер северный резкий раздул паруса
Наших душ, по истории вечной новеллы
Мы помчались с дарящею нам чудеса
Феей - гидом, которую звали Марселой...

И в распахнутых настежь открытых домах,
Где коварству и зависти спрятаться трудно,
Замелькали пестро чьи-то праздники, будни,
Чьи-то судьбы - в звучащих как песня словах...

Тени Рембрандта в залах, Вемеера луч
Солнца - в Дельфте, а по Амстердаму
Просто, скромно "Подсолнухи" Гога плывут,
Отражаясь в зеркальности водных каналов...
Королевство тюльпанов и царство стихий,
Вековое созданье природы и гёзов...
Паруса каравелл, ветромельниц витки -
Словно в явь воплотились все детские грезы...

Те мгновенья прекрасного, будто-бы сна
Воедино сплелись, чтобы вылиться в строчки!
О, Голландия! Сотканная весна!
Я на встрече с тобой не хочу ставить точку!!!

Т. Сорокина

Een gedicht van dankbare wandelaar T. Sorokina.

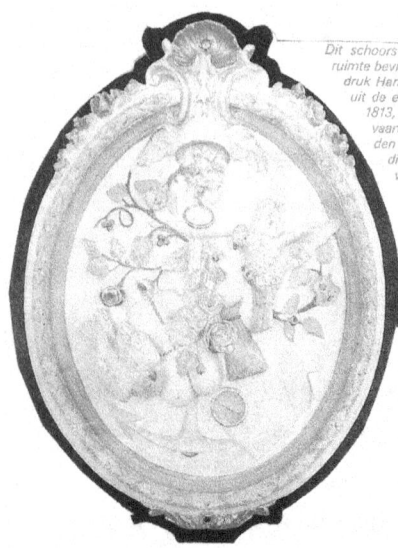

Dit schoorsteenplastiek, dat zich in de receptieruimte bevindt van het nieuwe gebouw van Flavodruk Harlingen b.v. aan de Kanaalweg, dateert uit de eerste jaren na de val van Napoleon in 1813, toen de zeeën weer voor de handelsvaart bevaarbaar werden. Het werd gevonden in een woning aan de Hailigeweg toen dit pand in 1966 bij de drukkerij werd gevoegd. Dit stukje geschiedenis van de stad Harlingen symboliseert tevens de geschiedenis van het Harlinger bedrijfsleven. De Mercuriushelm (de handel), de duiven (de herwonnen vrede), de baal, de zak met geld, het kompas, de scheepspapieren, het anker (de handelsvaart), waarmee de geschiedenis van Harlingen zo nauw is verbonden.

*Het verleden.
en wat de
toekomst brenge
moge...
„Te paard."*

*„USSR – NEDERLAND.-

Bedankt „Rusland" voor
jullie deel- in de moeilijke
tijd 1940 – 1945.

Broedergraven,

Op broedergraven komen geen kruisen te staan
En snikkende weduwen ontbreken
Iemand draagt bloemen aan
En gaat de eeuwige vlam ontsteke

—

Bij broedergraven tref je geen huilende
    weduwen aan.
De mensen die er komen staan sterker
Op broedergraven komen geen kruisen
    te staan,
Maar valt het daardoor lichter?...
            WLADIMIR WYSOTSKI.*

Bildtstraat 21

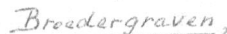

'Ik ben bereid mee te draven in de kudde maar ongezadeld en zonder leugels!'

*Nogmaals bedankt Marcella. Wij hadden ons geen betere „reisgids"
    kunnen wensen-*

Een bedankje van een Nederlandse toerist met een uitnodiging
en een regel uit een V. Vysotsky lied.

Эта каминная лепка, которая сейчас находится в зале для приемов в новом здании компании Флеводрюк Харлинген БВ на улице Канаалвег, восходит к первым годам после падения Наполеона в 1813 году, когда была восстановлена торговля по морским путям. Эту лепку нашли в 1965 г. в доме на ул. Хейлигевег при передаче здания типографии. Этот кусочек истории города Харлинген отражает также и его деловую историю. Шлем Меркурия – торговля, голуби – вновь обретенная свобода, тюк и мешок с деньгами, компас и судовые документы, якорь – торговый флот, с чем так тесно переплетена история Харлингена.

Что день грядущий

мне готовит?

"По коням!"

«СССР – НИДЕРЛАНДЫ»

Спасибо «России» за ее участие – участь – вклад

в тяжелые времена 1940 – 1945 г.г.

Братские могилы

На братских могилах не ставят крестов,
И вдовы на них не рыдают,
К ним кто-то приносит букеты цветов,
И Вечный огонь зажигают.

———

У братских могил нет заплаканных вдов -
Сюда ходят люди покрепче.
На братских могилах не ставят крестов,
Но разве от этого легче?..

71 Владимир Высоцкий

Готов скакать рысью в табуне, но без седла и узды!   Д.Х.

Еще раз спасибо, Марселла. Мы не могли и мечтать о лучшем гиде.

Vertaling van de brief.

Marcella begeleidt Russische toeristen naar het Sail-90 festival.

Met een groep toeristen bij het Rembrandt monument. Amsterdam.

Met toeristen in het Madurodam Museum.

Agnija Barto en George Stroeve met Marcella
op een Amsterdamse basisschool.

ID-kaart van Intouristgids.

Jubileumcertificaat van Intourist.

Brief met waardering voor de vertaling en certificaat
van het planten van bomen ter ere van Marcella.

והיה מדבר לכרמל וכרמל ליער יחשב
ושכן במדבר משפט וצדקה בכרמל תשב

Dan wordt de woestijn een gaarde
en de gaarde gelijkt een woud;
dan woont het recht in de woestijn
en de gerechtigheid verblijft in de gaarde.
JESAJA 32: 15,16

Zonder groen geen leven, en Israel heeft nog maar zo weinig groen!
Want eeuwenlang hebben mens en water, wind en zon er zonder
erbarmen huisgehouden tot het begin van deze eeuw. Toen begon
het Joods Nationaal Fonds met zijn taak:
het ontginnen en bebossen van het beloofde land.
Vandaag zijn wij daar nog mee bezig, want het is een gigantisch
karwei, dat nog tientallen jaren onze energie zal vragen.
Dit boomcertificaat betekent dat Israel uit uw naam weer
bomen rijker geworden is, dat het land, ons land, meer
bescherming vindt tegen zon en wind.
Maar dat niet alleen: bossen vormen humus en bereiden zo
de grond voor op toekomstige landbouw, tuinbouw, boomgaarden.
Bossen houden het water vast dat anders zou verdampen en bossen
brengen het hout voort voor meubelen, huizen, papier, fineer
Zoals bossen schaduw brengen voor mens en dier. Bossen maken
Israel sterker, rustiger, veiliger, gelukkiger.
Een boomcertificaat is dan ook een zegen voor Israel, en een eer
voor u in wiens naam het land weer een stukje groener wordt.

CERTIFICAAT
NR. 80606

JOODS NATIONAAL FONDS Voor een groen en vruchtbaar Israel

Bezoekadres: Van Leijenberglaan 197-d
Postadres: Postbus 78030, 1070 LP Amsterdam.
Telefoon 020 6466477, Fax 020 6466454
Postbank nr 49998
Internet: http://www.jnf.nl E-mail: info@jnf.nl

Genummerd boomplantcertificaat in Israël.

ЛИДЕРУ ОТЕЧЕСТВЕННОГО КРАНОСТРОЕНИЯ – 75 ЛЕТ
Достижения и перспективы Харьковского завода ПТО в канун юбилея

Н.П. АНДРИЕНКО, председатель правления НТА «Подъемные сооружения», профессор, г. Одесса

По данным Госкомстата Украины, в 2003 г. в Украине было выпущено 128 мостовых электрических кранов, 64 из них изготовлены на Харьковском заводе подъемно-транспортного оборудования. Из 256 козловых и мостовых передвижных кранов, а также портальных и судовых деррик-кранов 66 кранов выпущено на том же заводе. И, наконец, в 2005 г., в преддверии своего юбилея, завод отгрузил потребителям 173 мостовых двухбалочных крана грузоподъемностью до 150 тонн. Выпуск такого количества сложных машин, наряду с исторически сложившимся производством талей, делает ООО «ХЗ ПТО» лидером отечественного производства подъемно-транспортного оборудования.

Практическое (в границах выхода этого номера журнала) совпадение двух юбилеев — 75-летия предприятия и 60-летия его генерального директора Л.И. Янова — дает нам повод рассказать о предприятии и его истории, а также о директоре, его поисках, стиле руководства и, в конце концов, о героизме, с которым он отстоял свой коллектив, производственные мощности завода и репутацию Украины как краностроительной державы.

ПАМЯТЬ СЕРДЦА

Возглавляя трудовой коллектив с 1988 г., больше, чем любой другой из его предшественников, Леонид Иванович Янов старается, чтобы память обо всех его предшественниках осталась новехну в истории завода. В юбилейном издании о заводе, которое сейчас готовится к печати, подробно рассказано о том, какой вклад в развитие предприятия внес каждый из 13 директоров. Отмечаются боевые подвиги тех из них, кто был участником Великой Отечественной Войны. Впрочем, как и других работников ХЗ ПТО — ветеранов второй мировой.

Коос Янович Фис

В канун 75-летия заводчане, изучая архив, обнаружили одну любопытную страницу истории своего предприятия. В 1933 г. из так называемой «Автономной индустриальной колонии», созданной иностранными добровольцами, в г. Кемерово, прибыл на Харьковский завод им. В.И. Ленина голландский коммунист Коос Янович Фис с семьей. Работал он мастером в инструментальном цехе, затем главным конструктором, главным инженером. Талантливого конструктора интересовали не только заводские дела. Коос Фис сконструировал портативный ветродвигатель для папанинцев, который работал на льдине дрейфующей станции «Северный полюс-1». И когда Папанин, Кренкель, Ширшов и Федоров приехали потом в Харьков, то вся семья Фисов была приглашена на торжественный прием. Накануне войны Фис занимался установкой нового пневматического молота, с помощью которого завод смог бы значительно увеличить объем производства. Но когда фашисты приблизились к Харькову, он собственными руками взорвал свое детище. Во время эвакуации завода Фис с семьей и вместе с другими работниками завода был эвакуирован в город Ижевск, где на территории завода «Ковкий чугун» неутомимый голландский инженер организовал выпуск военной продукции — кулисы к танку Т-34. 20 июня 1943 года перестало биться сердце европейца, подставившего свое плечо украинскому заводу. Сегодня заводчане поддерживают связь с членами семьи — наследниками Фиса.

Снимок из заводского архива

За время работы в Ижевске предприятие 30 раз занимало классные места во Всесоюзном соревновании, 10 лучших из работников завода были награждены орденами и медалями, 81 — значками «Отличник соцсоревнования «НК Танкопрома», 25 человек — Почетной грамотой Президиума Верховного Совета Удмуртии. 480 работников были награждены медалями «За доблестный труд в Великой Отечественной Войне».

Среди награжденных был и Николай Иванович Медянов — конструктор первых советских талей. В Ижевске он был начальником производства, затем в должности директора руководил восстановительными работами на территории завода после освобождения Харькова от фашистских захватчиков. Вся новая техника разрабатывалась и внедрялась под его руководством. В 1948 г. он был переведен в ЦКБ ВНИИПТМАШ (г. Москва) на должность начальника ЦКБ. Это была особая веха в истории завода. Как заметил бывший заместитель генерального директора по научной работе ОАО «ВНИИПТМАШ» Анатолий Степанович Липатов, ХЗ ПТО был для ВНИИПТМАШа родным и близким, а Леонид Иванович Янов бросил крылатую фразу: «Все мы родом из ВНИИПТМАШа». Вехами сотрудничества завода и ВНИИПТМАШа можно назвать 1948, 1952, 1959, 1960, 1972, 1973, 1981, 1983, 1986, 1990 годы, когда создавались новые образцы техники.

Из воспоминаний А.С. Липатова: «Вместе мы выполняли много расчетов кранов, особенно наиболее сложных — козловых. Вместе мы решали проблемы совершенствования технологии сарбитизации ходовых колес кранов (до ее решения колеса

Artikel uit de krant van Odessa ter herdenking
van de verjaardag van de fabriek in Charkov.

Bladzijde uit het boek "Onbekend Kemerovo".

Marcella met haar zoon Andrei en toeristen
op een Nederlands strand.

AIK gedenkplaat - Koezbass
in het Krasnaja Gorka Museum, Kemerovo.

In het Krasnaja Gorka museum.

Een stand opgedragen aan de oprichter van AIK Rutgers,
in het Krasnaja Gorka Museum, Kemerovo.

Marcella in Kemerovo.

Bij de Eeuwige Vlam in Kemerovo.
Marcella en haar man Eric leggen bloemen.

Marcella en haar broer Volodya, 1990.

Nell Visch-Vermeer, 92 jaar oud. Verpleeghuis, Haarlem.

1930 - 5 juni - 1995

MARCELLA 65 JAAR

Dit is een bijzondere gebeurtenis! Wie het leven van een mens indeelt in perioden komt al gauw tot vaste patronen: de eerste verjaardag, de eerste dag naar school, het beëindigen van de laatste klas, op de achttiende verjaardag volwassen, op de veertigste wordt geacht dat het leven pas begint, op de vijftigste ziet men Abraham of Sara en als je 65 wordt... pas dan word je door de Nederlandse staat via het verstrekken van een maandelijkse AOW-uitkering tot burger met een status uitgeroepen.

Hoera !

Maar voordat het zover is ! Voordat het zover is wordt het leven, en dan dat van Marcella in het bijzonder, op een andere wijze ingedeeld.
Dan begint niet alleen haar school als ze zeven is, maar wordt ze al volwassen op haar elfde jaar als de wereldbrand ook het land bereikt waar ze geboren is, de Sovjet-Unie.
Ze wordt weggerukt uit het leven met haar vriendjes en vriendinnetjes, haar schoolplein, haar huiselijke omgeving in Charkov en wordt met ouders en broer onder erbarmelijke oorlogsomstandigheden richting Oeral getransporteerd, waar in Izjevsk de fabriek waarin haar vader werkzaam is, opnieuw opgebouwd wordt om bij te dragen aan de strijd tegen de overvallers van haar land.
En hier voltrekt zich de ramp die haar hele verdere leven beïnvloeden zal: het overlijden van haar zo geliefde vader Koos Visch.
Nog hoor ik mijn vader in de oorlog met bevende stem zeggen: Koos Visch is overleden! En ik weet nog hoe ontroerd hij op dat ogenblik was. Wat een wonderlijke wending kan het leven nemen als hij later mijn postume schoonvader wordt waarvoor ik, door de vele contacten met mensen die hem vroeger en later als vriend hebben gekend, de grootst mogelijke bewondering koester. Wat had ik hem graag meegemaakt!
Vanaf zijn dood begon voor Marcella het volle, zware leven. Zorgen voor moeder en broer, proberen de school – in een geheel andere taal – te volgen, in het hospitaal soldaten

65ste verjaardagsbrief van echtgenoot Eric Mol.

163

helpen met het schrijven en voorlezen van brieven, kortom – een leven van keiharde werkelijkheid dat een volwassene al moeilijk zou kunnen volhouden.
Ze was toen dertien jaar, en al volwassen.

Die tijd en de tijd erna heeft haar gevormd tot degene die zij nu is: iemand die niet opgehouden heeft zich op te offeren voor anderen, voor haar moeder, voor mij, voor onze twee fijne jongens en voor de kleinkinderen.
Maar ook voor alle anderen die een beroep op haar deden of waarvan zij vond dat zij die steunen moest of bijstaan. Om nog maar te zwijgen van de vele duizenden toeristen die in haar leven haar weg kruisten, Russen in Nederland en Nederlanders tot in alle uithoeken van de Sovjet-Unie, die dank zij haar bijdrage een levenslange herinnering bewaren aan het land dat zij bezochten...

Zij gaf en geeft méér dan gevraagd wordt. Zij kan niet anders.
Met haar strijdbaarheid, haar overtuigingskracht, haar grote vermogen om zichzelf weg te cijferen en haar gehele hart open te stellen voor allen die haar lief zijn. Met haar vindingrijkheid en fantasie in scheppende zin. Met haar bijzondere smaak voor iets dat mooi is, een fraaigeschikt boeket in een vaas, een boeiend landschapsbeeld, een schilderij van Vermeer of Avercamp...

Zij wil op haar 65-ste verjaardag geen speciale aandacht. Voor haar is het 'een verjaardag'.
Maar ik kan het niet laten om voor de vrouw waarmee ik bijna vierenveertig jaar, van haar vijfenzestig levensjaren, samen lief en leed gedeeld heb, bovenstaande gedachten te uiten. Zij geven maar een beperkt beeld van haar leven en van mijn gevoelens.

Maar het mag wel eens allemaal gezegd worden.

Marcella! Nog heel veel fijne, gezonde jaren, samen met allen die je lief zijn, worden je van ganser harte toegewenst door je 'maatje voor het leven',

Vervolg van de brief.

Уважаемая Марселла!

Приглашаем Вас на празднование 90-летия создания Автономной Индустриальной Колонии «Кузбасс» 3 ноября 2011 года в 15 часов во Дворец культуры шахтёров, г. Кемерово, пр. Шахтёров, 2.

Оргкомитет

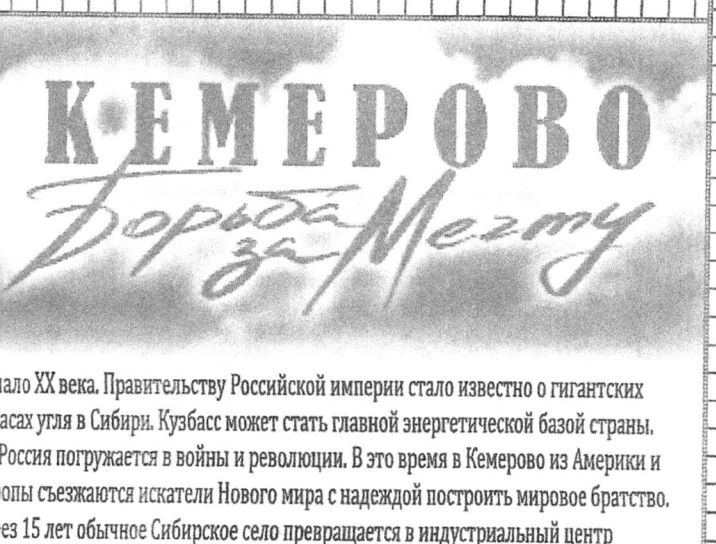

Uitnodiging voor Kemerovo ter gelegenheid van de 90e verjaardag van de AIK.

Marcella met haar oudste kleinzoon Eelco.

Уважаемая Марселла!

Примите небольшой подарок, свидетельствующий о том, что в Кемерово не забыли о роли, которую сыграли члены АИК «Кузбасс» в истории нашего города. Ваша мама, сравнивая Кемерово 1920-х и 1960-х годов, писала, что из семечка вырос подсолнух. За эти годы подсолнух стал еще больше. Приглашаем Вас снова приехать в Кемерово, оценить произошедшие в нем перемены и стать желанным гостем нашего музея.

Коллектив музея «Красная Горка»

Dankwoord van het Krasnaja Gorka (Rode Heuvel) museum voor Marcella.

Marcella Visch

(05-06-1930 – 09-04-2019)

www.ingramcontent.com/pod-product-compliance
Lightning Source LLC
Chambersburg PA
CBHW071734080526
44588CB00013B/2025